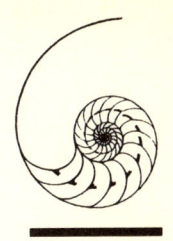

Ralf Sotscheck

IRISH TOFFEE

Mit einem Vorwort von
Harry Rowohlt und
Zeichnungen von © TOM

Edition Nautilus

Editorische Notiz: Ralf Sotscheck, 1954 in Berlin geboren, lebt mit seiner Familie im Dubliner Stadtteil
Glasnevin. Seit 1985 England- und Irland-Korrespon-
dent der *taz*. Zahlreiche Buchveröffentlichungen, zuletzt „Gebrauchsanweisung für Irland" (München
1996) und „Paddy's andere Insel" (Frankfurt/M. 1997).
Umschlaggestaltung unter Verwendung einer Zeich-
nung von ©TOM.

Edition Nautilus Verlag Lutz Schulenburg
Am Brink 10 · D-21029 Hamburg
Alle Rechte vorbehalten · © Lutz Schulenburg 1998
1. Auflage 1999 · ISBN 3-89401-331-1
Printed in Finland

Vorwort

Am allermeisten habe ich ihn, glaube ich, geliebt, als er mich dringlich, mit urinfarbenen Augäpfeln quasi, in der S-Bahn musterte und gepreßt fragte: „Sag mal, mußt du auch so dringend pissen?" Ich, älter, aber jünger wirkend, sagte nichts, weil ich, etwa viermal so alt wie er (aber etwa viermal so jung wirkend), etwa viermal so nötig mußte wie er, was bei mir hieß: „Nächste Station; egal, was sich uns in den Weg stellt."

Ächz. Zip. Zip.

„Un nu die Fraare: Wo füllnwa nach?"

Neulich bin ich von Frankfurt/Main Hauptbahnhof nach Hanau gefahren, wieder mit Öffis, umgeben von Eintracht-Fans, die ihre Niederlage feierten, und an der Station Offenbach Ledermuseum trieb es mich aber dermaßen hinaus, daß ich dachte: „Ach, Ralle."

Daß ich Irland liebe, habe ich ihm nicht zu verdanken. Daß ich Berlin liebe, durchaus. Ralle blickt mit Kinderaugen in die Welt, und daß er auch Kinderohren hat, die alles hören, was die Erwachsenen vor ihnen verbergen wollen, merkt man erst, wenn man seine Kolumne in der *taz* liest. Einmal habe ich ihn aber doch ausgeschlenzt. „Ach?" sagte ich, „deine Kolumne erscheint jeden Montag? Und ich hatte immer angenommen, sie erschiene regelmäßig."

Harry Rowohlt
(Ambassador of Irish Whiskey 1996)

Drücken Sie bitte die Neun

So etwas hatte ich lange nicht gesehen: Auf dem Nachttisch im Hamburger Hotelzimmer stand ein Bakelit–Telefon mit Wählscheibe. So altmodisch der Apparat, so modern die Gebühren – jede Einheit sollte eine Mark kosten, was ein Gespräch mit den Lieben daheim in Dublin zu einem teuren Vergnügen gemacht hätte. Aber wozu gibt es „Irland direkt"? Die irische Telecom wirbt in ihrer vierteljährlichen Informationsschrift für bargeldlose Telecard-Benutzer, es sei „noch nie leichter gewesen zu telefonieren, wenn man auf Reisen ist". Wahrscheinlich saßen die Verantwortlichen für diesen Unsinn noch nie in einem Hamburger Hotelzimmer mit Bakelit-Telefon.

Zunächst ging alles gut: Nachdem ich die unendlich lange Telefonnummer mit verblüffend vielen Nullen trotz der wackligen Wählscheibe bewältigt hatte, meldete sich eine Tonbandstimme mit leichtem Dubliner Akzent. „Für ein R-Gespräch drücken Sie bitte die Eins", tönte es, „für ein Gespräch mit Telecard drücken Sie die Zwei. Wenn Sie Hilfe benötigen, warten Sie auf unseren Telephonisten." Doch der hob auch beim fünften Versuch nicht ab. Da es schon ziemlich spät war, vermutete ich, daß er längst im Pub saß.

Am nächsten Morgen hatte ich mehr Glück. Ein junger Mann meldete sich und erklärte nicht unhöflich, daß ich als Telecard-Besitzer durch einfaches Eintippen meiner Kartennummer plus Geheimzahl auch ohne seine Hilfe telefonieren könnte. „Hier gibt es nichts zum Tippen", sagte ich, „sondern nur zum Drehen." Nach einer peinlichen Gesprächspause sagte er, daß er solche Apparate aus den Erzählungen seiner Großmutter kenne. Von wo ich denn anriefe? „Aus Hamburg", antwortete ich. „Nein, nein", entgegnete er, „ich meinte: aus welchem Jahrhundert?"

Aber auch mit einem modernen Tastentelefon geht nicht immer alles glatt. Als ich neulich beim irischen Fremdenverkehrsamt anrief, um eine Informationsbroschüre zu bestellen, meldete sich wieder eine Tonbandstimme, die der „Irland direkt"-Stimme aufs Haar glich. Big Brother? „Für Reservierungen und Informationsmaterial drücken Sie bitte die Eins", empfahl er. „Wollen Sie mit einer bestimmten Person sprechen, wählen Sie deren Apparatnummer." Ich drückte gehorsam die Eins, und die Stimme fragte mich, ob ich aus Irland oder dem Ausland anriefe. Ich drückte. Die Stimme fragte. Ich drückte wieder. So ging das eine ganze Weile.

Langsam kam mir der Verdacht, daß ich gerade Opfer einer publikumsverarschenden Radiosendung wurde, doch schließlich wollte man von mir wissen, ob ich mit meiner Kreditkarte bezahlen würde. In diesem Fall wäre die Zwei zu drücken gewesen. Da ich jedoch ein kostenloses touristisches Infoblättchen wollte, drückte ich die für kreditkartenlose Anrufer vorgesehene Drei. Damit war das lustige Frage-und-Drück-Spiel vorerst beendet.

„Begeben Sie sich in das nächstgelegene Fremdenverkehrsamt", wurde mir per Tonband befohlen,
„und holen sich Ihre Broschüre dort ab." Dann folg-
te eine Auflistung sämtlicher Zweigstellen im ganzen Land. Zum Schluß sagte die Stimme höhnisch:
„Wenn Sie das alles nochmal hören möchten,
drücken Sie bitte die Neun."

Der Ire an sich ist kein Bergvolk

Der Ire an sich sei kein Bergvolk, meinte ein Kollege neulich. Wäre er vorige Woche am Croaghaun-Berg auf der Insel Achill vor der Westküste Irlands gewesen, hätte er seine Meinung vermutlich schnurstracks revidiert. Da krabbelten jede Menge Iren und Irinnen auf dem 630 Meter hohen Hügel in der Grafschaft Mayo herum und ließen keinen Stein auf dem anderen. Freilich verriet niemand das Motiv für diese ungewöhnliche Freizeitbeschäftigung. Man habe schon immer da oben hinaufgewollt, weil man gern die großartige Sicht über den Atlantik genießen würde, hieß es lediglich.

Der wahre Grund ist ein kleiner rosa-weißer Zettel: Im Inselörtchen Keel hatte der Postmeister Michael O'Malley vorletztes Wochenende einen Lottoschein angenommen, der am nächsten Tag mehr als zwei Millionen Pfund gewann. Eingelöst hat ihn bisher jedoch niemand. Aber seitdem ruft täglich ein junger Mann an und erkundigt sich nach dem Stand der Dinge. Er behauptet am Telefon, er sei der rechtmäßige Gewinner. Das Ticket sei ihm jedoch aus der Hosentasche gerutscht, als er mit seiner US-amerikanischen Freundin im Heidekraut auf dem Croaghaun lag.

„Bergbums kostet Lotto-Klotzkopf zwei Millionen Pfund", titelte die *Sun* einfühlsam auf der ersten Seite. Das Pärchen habe eine Pension am Fuß des Croaghaun auf den Kopf gestellt, schreibt das Blatt, weil die Frau „angeblich ihren Ring verloren" habe. Das weiß die *Sun* natürlich besser: „In der Hitze des Gefechts fiel ihm der Lottoschein aus der Hosentasche", feixt der Schreiber.

Postmeister O'Malley traut der Geschichte nicht: „Das ist wahrscheinlich ein Ablenkungsmanöver des Gewinners", vermutet er, „der nicht will, daß die Nachbarn von seinem Glück erfahren, weil sie sonst bei ihm vor der Tür Schlange stehen würden." O'Malleys Skepsis ficht die Achill-Insulaner jedoch nicht an, sie klettern wie die Bergziegen in der Heide herum. „Der soll eine Belohnung von 500.000 Pfund aussetzen", schlug einer vor, „dann würden Hunderte von kräftigen Inselbewohnern ganz Achill für ihn durchkämmen."

Das tun sie ohnehin schon, so scheint es. Im Pub von Keel sitzen abends Dutzende von Männern, denen die Torfsoden noch an den Füßen kleben. Heinrich Böll, der sich später ein Cottage in Dugort kaufte, hatte in Keel gewohnt, als er für sein „Irisches Tagebuch" recherchierte. Er beschrieb die Insel so: „Ein Dorf, zwei Meilen Moor, ein Dorf, drei Meilen Moor, eine Kirche, fünf Meilen Moor, ein Dorf, zwei Meilen Moor, eine Kirche, die Tankstelle, Teddy O'Malleys Bar, Becketts Laden, drei Meilen Moor."

Der Postmeister glaubt, daß die Torfköpfe ihre Zeit verschwenden. „Es gibt zur Zeit so viele Gerüchte, wie es Wellen im Ozean vor unserer Küste gibt", philosophiert O'Malley. „Ich wette, es ist einer aus Achill, der am kommenden Wochenende nach

Dublin zum großen Finale im gälischen Fußball fährt. Gewinnt Mayo gegen Meath, was zweifellos der Fall sein wird, kann er sich am nächsten Tag seine zwei Millionen Pfund in der Hauptstelle in Dublin abholen und gen Westen dem Sonnenuntergang entgegenreiten – kein Hahn in Mayo wird danach krähen, wenn unsere Jungs zur selben Zeit mit dem Pokal zurückkehren."

Richter ohne Recht

Es war ein merkwürdiges Schauspiel: 16 Mal öffneten sich in der Nacht zum Donnerstag die Tore von drei irischen Gefängnissen, doch kaum hatten die Gefangenen einen Fuß in die Freiheit gesetzt, da wurden sie wieder verhaftet. Die meisten sind der Mitgliedschaft in der IRA beschuldigt, ein anderer nennt sich „Schottische Nationale Befreiungsarmee" und soll dem britischen Labour-Chef Tony Blair mehrere Päckchen mit Brandsätzen geschickt haben.

Der Grund für den nächtlichen Ausflug ist bizarr. Der Richter Dominic Lynch hatte im Sommer seine Versetzung vom Dubliner Strafgericht beantragt. Am 1. August gab die Regierung dem Gesuch statt. Nur vergaß man leider, den Richter davon zu informieren. So erließ Lynch munter weiter seine Urteile, als ob nichts geschehen wäre. Anfang Oktober merkte Generalstaatsanwalt Dermot Gleeson, daß da jemand unbefugt richtete, und er schrieb an die Justizministerin Nora Owen. Da passierte abermals ein Patzer: Sie habe den Brief gar nicht gelesen, behauptet Owen. Und Gleeson hat nicht nachgefragt, obwohl sich die beiden fast täglich treffen.

Inzwischen hatten aber die Anwälte der 16 Gefangenen Wind von der Sache bekommen und beim Ministerium nachgefragt. Ein Justizbeamter geriet in Panik. Owen saß gerade in der irischen Premiere des Jordan-Films über den IRA-Mann Michael Collins, einen Großonkel der Ministerin, als ihr Handy klingelte. Die anderen Kinobesucher werden sich gefreut haben. Während ihr Onkel auf der Leinwand die Erschießung von 14 britischen Agenten befahl, ordnete Owen den Spaziergang zum Gefängnistor an.

Am nächsten Mittag stellte man die 16 Männer vor Gericht, damit ein echter Richter Untersuchungshaft verhängen konnte. Doch wieder passierte ein Mißgeschick: Die Polizei hatte zwei Gefangene verwechselt, weil sie denselben Nachnamen hatten. Und der letzte, der in den Saal geführt wurde, hatte keinen Anwalt, weil die Polizei ihm nicht Bescheid gesagt hatte. Nun platzte dem Richter der Kragen: „Schon wieder ein Fehler", schnaubte er und gab dem Staatsanwalt Peter Charleton zwei Minuten, um einen Anwalt anzurufen. Das werde er gerne tun, antwortete Charleton vorlaut, was dem Richter den Rest seiner Fassung raubte: „Natürlich

werden Sie das", tobte er, „Sie haben nämlich gar keine andere Wahl. Und jetzt verschwinden Sie und sorgen für eine ordnungsgemäße Anklage."

Einer der Gefangenen hatte schon früher mit der Unfähigkeit irischer Behörden freudige Bekanntschaft gemacht. Anthony Duncan sollte nach Großbritannien ausgeliefert werden, doch die Polizei hatte den Auslieferungsantrag versehentlich in den Reißwolf gegeben. So legte man dem Richter eine Kopie vor, die aber nicht abgestempelt war. Der Richter haute dem Beamten das Papier um die Ohren und schickte Duncan zurück in den irischen Knast. Dem algerischen Flüchtling Madani Haouanoh erging es vorige Woche umgekehrt: Als der Richter seiner Asylbewerbung stattgab, hatte die Polizei ihn bereits abgeschoben.

Die Oppositionsparteien konnten die neueste

Farce zunächst gar nicht glauben. Dann beschlossen sie, in dieser Woche einen Mißtrauensantrag gegen die Justizministerin zu stellen. Hoffentlich informiert man sie, wenn dem Antrag stattgegeben wird.

Geheimwahl mit Discount-Begräbnis

Stell dir vor, es gibt einen Volksentscheid, und niemand geht hin. Das irische Referendum über die Abschaffung des Rechts von Angeklagten, bis zur Verhandlung in Freiheit zu bleiben, lockte kaum jemanden hinter dem Ofen hervor – schon gar nicht auf den Inseln vor der Westküste. Während überall am Donnerstag abgestimmt wurde, mußten die Inselbewohner schon drei Tage früher an die Urne. Schließlich müssen die Zettel zur Auszählung nach Galway auf das Festland gerudert werden, was bei dem Novembersauwetter eine Weile dauern kann.

Leider hatten die Behörden einen Fehler gemacht: Auf den Wahlbenachrichtigungen war der Donnerstag als Wahltag angegeben, so daß die Wahlbeamten vergeblich auf ihr Stimmvieh warteten. Der Inselpfaffe Dara Molloy auf Inismore erfuhr erst aus den Neun-Uhr-Nachrichten, daß seine

Schäfchen am Montag wählen sollten. Er rannte sogleich zum Wahllokal, doch es war zu spät: Der Laden hatte gerade dichtgemacht. Der Wahlbeamte meinte, der Pfarrer sei nicht recht bei Trost: Das Wahlbüro sei ab neun Uhr morgens zwölf Stunden lang geöffnet gewesen, doch Molloy wollte seine Stimme ausgerechnet fünf Minuten nach Feierabend abgeben.

Der geistliche Protest wirkte jedoch. Die Regierung ließ die Inselbewohner am Donnerstag noch einmal wählen. Doch das ging schon wieder schief, weil man die Betroffenen abermals nicht richtig informiert hatte. Auf Inisbofin stimmten gerade mal drei Leute ab – allesamt mit Nein, was der Insel einen einmaligen Status verlieh: Während landesweit drei Viertel für die Verfassungsänderung stimmten, war Inibofin hundert Prozent dagegen. Im Rest des Landes war die Wahlbeteiligung freilich kaum besser.

Die St.-Vincent-Grundschule in Dublin, wo ich wählen mußte, war von außen stockdunkel. Lediglich ein frierender junger Mann stand mit einem Stapel Flugblätter vor der Tür. Ich fragte: „Für oder gegen das Referendum?" Er drückte mir einen Zettel in die Hand und antwortete mit dezent gedämpfter Stimme: „Fünfzig Pfund Nachlaß auf Ihre nächste Beerdigung, Sir." Hielt er mich für einen Untoten? „Es muß ja nicht Ihr eigenes Begräbnis sein, Sir", versicherte er, „es kann sich auch um einen Angehörigen handeln." Das hört man gern.

Irgendwie paßte der morbide junge Mann zum

Volksentscheid-Nichtereignis, auch wenn der Verband der Bestattungsunternehmer die Discount-Beerdigungen am nächsten Tag rügte. Im Klassenzimmer, das zum Wahllokal umfunktioniert war, saßen vier Wahlbeamte gelangweilt vor vier Elektroheizspiralen aus der DDR, die in Irland zur Zeit überall verkauft werden. Als ich den Raum betrat, kam etwas Bewegung in die Gruppe. „Anfangsbuchstabe?" fragte einer. „S", sagte ich, und drei Beamte sanken wieder auf ihre Stühle. Die vierte winkte mich herüber und fragte nach meinem Wahlschein. Den hatte ich vergessen, ebenso meinen Paß. Da sie einen der wenigen Wahlwilligen nicht tatenlos nach Hause schicken wollte, fragte sie: „Können Sie wenigstens Ihren Namen buchstabieren?" Das gelang mir fast mühelos, und so erhielt ich den Stimmzettel. Ein Wahlbetrüger, so dachte sie vermutlich, hätte sich einen einfacheren Namen ausgesucht. Murphy vielleicht.

Sankt Disen, der Schutzpatron des Kurzschlusses

Plötzlich war es dunkel. Im nagelneuen Einkaufszentrum in der Dubliner Jervis Street hatte es einen Kurzschluß gegeben, und die vom Weihnachtswahn befallenen Shopper waren für vier

Minuten lahmgelegt. Das heißt, nicht ganz. Als das Licht wieder anging, hatten es Dutzende von Menschen verdächtig eilig, zum Ausgang zu gelangen: Die kurzzeitige Dunkelheit hatte einen kollektiven Raubzug ausgelöst. In den vier Minuten verschwanden Waren im Wert von umgerechnet zehntausend Mark.

Die herbeigerufene Polizei konnte im Einkaufszentrum nichts mehr ausrichten, dafür richtete sie in der Fußgängerzone ein Chaos an. Die fliegenden HändlerInnen nahmen irrtümlich an, daß ihre Verkaufslizenzen überprüft werden sollten, und machten sich mit ihren Kinderwagen voller Schnickschnack aus dem Staub. Dabei fuhren sie alles über den Haufen, was im Weg war. Der alte Mann, der vor dem Einkaufszentrum Flugblätter verteilt hatte, sah aus wie ein Weihnachtsbaum: Zuerst war er von acht Kinderwagen überrollt worden, und als er sich vor dem neunten durch einen Sprung zur Seite in Sicherheit bringen wollte, landete er ausgerechnet in einem legalen Verkaufsstand mit Christbaumschmuck. Dabei verhedderte er sich im Lametta und riß die sorgsam aufgestapelte Pyramide aus roten und blauen Kugeln um. Seine Flugblätter waren ringsum verstreut. „Rettet Sankt Disen", stand darauf.

Der heilige Disen war angeblich ein irischer Mönch, der sich – wie so viele seiner Kollegen – im Mittelalter auf den Weg nach Germanien gemacht hatte. Unterwegs kam er in Bradnich in der englischen Grafschaft Devon vorbei. Weil es dort weit

und breit keine Kirche gab, baute er eigenhändig
ein hölzernes Gotteshaus, bevor er weiterzog. So
steht es jedenfalls in einer Biographie des Heiligen,
die Pfarrer Charles Crossliegh aus Bradnich vor
hundert Jahren verfaßt hat. Leider gab er für seine
Informationen über Disen keine Quellen an. Den
Dorfbewohnern war das freilich egal, sie stifteten

ihrem Schutzpatron vor 20 Jahren eine Statue und gründeten eine Partnerschaft mit dem deutschen Ort Disibodenburg, der – wie sie glaubten – nach demselben irischen Mönch benannt sein mußte.

Umso größer das Entsetzen, als der Historiker Nicholas Orme von der Universität Exeter jetzt nachwies, daß die ganze Sache auf einem Mißverständnis beruht: Es gab niemals einen Disen, und die Dorfbewohner haben mehr als 150 Jahre lang am 8. September, Disens Geburtstag, einen Mythos gefeiert. Bis 1831, so fand Orme heraus, war die Kirche dem heiligen Denis gewidmet, doch dann stellte der damalige Pfarrer einen legasthenischen Kirchenschreiber ein. So wurde Denis zu Disen.

Der ist inzwischen aus der offiziellen Kirchengeschichte entfernt worden, doch die Leute in Bradnich scheren sich nicht darum. Man habe sich daran gewöhnt, daß die Kirche nach Disen benannt sei, meint Pfarrer David Robottom. So werde man künftig nicht nur den 8. September, sondern auch den 9. Oktober – den Tag des heiligen Denis – ausgiebig feiern. Robottom wird überrascht sein, wenn er hört, daß es in bestimmten Dubliner Kreisen Bestrebungen gibt, Disens Annullierung rückgängig zu machen: Man will ihn zum Schutzheiligen des Kurzschlusses und der Ladendiebe ernennen.

Das Wirtshaus zur Hölle

Der Pub gilt in Irland als sozialer Knotenpunkt. Manchmal kommt es jedoch ganz anders. Wer Cumiskey's am Dubliner Broadstone betritt, sollte zuvor seine romantischen Vorstellungen von irischen Kneipen über Bord werfen. Vater und Sohn Cumiskey, denen der Laden gehört, haben den festen Vorsatz, sich nicht nur gegenseitig das Leben zur Hölle zu machen, sondern auch ihren Gästen. Der alte Aidan geht dabei allerdings gewitzter vor als sein einfältiger Sohn Stephen.

Der erste Eindruck ist bereits prägend: Die Kneipe ist vom Fußboden bis zur Decke in altrosa gehalten, was auch ohne Alkohol desorientierend wirkt. Das ist Absicht. Der kleine, drahtige Aidan mit schlohweißen Haaren und knielanger grauer Strickjacke schleicht zwischen den Tischen herum und tut so, als ob er leere Gläser abräumt. Wer sich davon einlullen läßt, hat schon verloren: Im Handumdrehen ist das halbvolle Guinness futsch. Spätere Proteste sind zwecklos.

Ich versuche gar nicht erst, mein fast neues Guinness zurückzuerbeuten, sondern begebe mich an die Theke, um ein anderes zu bestellen. Stephen, groß und dunkelhaarig, mit weißem Hemd und Krawatte, hat jedoch keineswegs die Absicht, ein Getränk herauszurücken. Er ignoriert mich. Nach einer Weile verliere ich die Geduld und beschwere mich lauthals, was Stephen die Laune verdirbt. Das löst beim Vater verblüffende Fröhlichkeit aus, was Stephen noch mehr auf die Palme bringt. „Was grinst du so blöd, du alter Zausel", schreit er seinen Vater an, der inzwischen schallend, aber gehässig lacht. An mein Guinness ist nicht mehr zu denken.

Nun greift mein Freund Phil ein, der in einem masochistischen Anfall ausgerechnet Cumiskey's als Stammkneipe auserkoren hat. Er brüllt Aidan an, er solle gefälligst seinen Arsch in Richtung Zapfhahn bewegen – schließlich habe er es mit Stammgästen zu tun. „Stammgäste werden bei uns nicht bedient", meint Aidan voller Häme und fügt hinzu: „Und jetzt verpiß dich." Phil geht schnurstracks zur Sitzbank in der Ecke und zieht unter dem Polster das „Buch der Aidanismen" hervor – ein Oktavheft, in dem die Stammgäste sämtliche Gemeinheiten notieren, die Aidan ihnen angetan hat. Der Schrecken der Gäste ahnt nichts von der Existenz des Heftes, in das Phil jetzt ein neues Kapitel einträgt.

Stephen schmeißt inzwischen ein Pärchen hinaus, das sich zu innig geküßt hat. „Ihr verderbt die Kinder", schnaubt er, während die Frau völlig vergeblich einwendet, daß Kinder bei Cumiskey's schon seit 15 Jahren Hausverbot haben. Als alles auf die jugendgefährdenden Küsser achtet, schaltet Aidan kurzerhand den Ventilator aus. Innerhalb einer Viertelstunde ist die Kneipe so verqualmt, daß man die beiden Wirte nur noch schemenhaft erkennt. Die Stammgäste halten instinktiv ihre Gläser fest.

Die drei Guppys im Aquarium in der Ecke sind längst Räucherfische. Der einzige Ort, wo man es aushalten kann, ist das Klo. Dort herrschen allerdings null Grad, weil das Fenster undicht ist. Nur das Barometer an der eingenebelten Theke läßt sich weder durch das Wetter noch durch die Höllenwirte beirren: Es steht seit acht Jahren auf „freundlich".

Nachwuchs-Düsentriebs
mit Schweinezähnen

Die Lieblingsfarbe von Kohlköpfen ist gelb: Wenn man sie mit gelbem Licht bestrahlt, wachsen sie schneller. Das gilt übrigens auch für Wasserkresse. Diese durchaus nicht uninteressante Erkenntnis stammt von drei 14jährigen Schülern aus dem irischen Dundalk, die vorige Woche am Wettbewerb junger WissenschaftlerInnen teilgenommen haben. 535 Schüler und Schülerinnen aus ganz Irland haben Ferien und Freizeit geopfert, um die Wirkung von Anti-Karies-Mundspülungen auf Schweinezähne, den Zustand öffentlicher Toiletten oder die Sprungkraft indischer Stabinsekten zu erforschen.

Mit der Wissenschaft ist es wie mit dem Kampfsingen: Wie beim Europäischen Schlagerwettbewerb räumen die IrInnen auch beim europaweiten Jugend-Wissenschafts-Wettstreit jedes Jahr den Siegespokal ab, so daß die irische Preisvergabe so etwas wie eine Vorentscheidung ist. Besonders beliebt bei den NachwuchsforscherInnen sind Projekte, bei denen es um Tiere geht. „Jeder kennt die Geschichte vom Rattenfänger von Hameln", meint die 15jährige Mary Cannon aus Dublin. „In jeder Geschichte steckt ein Fünkchen Wahrheit." Also baute Mary einen Irrgarten, setzte ein paar Mäuse hinein und spielte ihnen verschiedene Musikstilrichtungen vor. Rock schien die Mäuse nicht weiter zu interessieren, doch bei Country-Musik waren sie so fix und fertig, daß sie den Ausgang nicht mehr fanden. Am schnellsten flitzten sie aus dem Irrgarten, als Mary traditionelle irische Musik auflegte. Spricht das nun für diese Musik, oder haben sich die Tiere instinktiv in Sicherheit bringen wollen? Ein interessantes Phänomen wäre vermutlich zu beobachten gewesen, hätte man die Nager mit der Kelly Family beschallt: Kollektiv-Selbstmord. Neue Untersuchungen haben ergeben, daß jemand 1993 im Tempel der Davidianer in Waco eine Kelly-Scheibe aufgelegt haben soll.

Um Mäuse anderer Art ging es zwei Schülern aus Cork: um die Staatsausgaben. Sie errechneten, daß durch ineffektive Straßenbeleuchtung umgerechnet 15 Millionen Mark im Jahr verpulvert werden. Außerdem seien solche Funzeln für Lichtverschmutzung verantwortlich, die nicht nur Astronomen den Nachthimmel vernebeln, sondern auch Nachttiere von der Futtersuche abhalten würde. Die Tiere verhungern, weil sie glauben, es sei ewig Tag. Die beiden Nachwuchs-Düsentriebs verfielen auf eine naheliegende Idee: Wenn man ein ausgeklügeltes System von Spiegeln in jeden Lampenschirm einbaut, kann man die Richtung des Lichtes bestimmen und die Nachtviecher im Dunkeln munkeln lassen.

Vordergründig um Tierschutz ging es auch drei 16jährigen vom Belvedere College in Dublin, obwohl ihre Leidenschaft in Wahrheit wohl eher am Wettschalter angesiedelt ist. Sie überlegten, wie der ideale Boden für ein Pferderennen beschaffen sei. Bei zu hartem Geläuf tun den Pferden die Beine weh, bei zu weichem Boden wird das Rennen zu einem verschnarchten Dauerlauf. Kippt man einfach Wasser auf den harten Boden, versickert es. Die Lösung: Schmierseife – biologisch abbaubar, versteht sich. Dadurch nehme der Boden 18 Prozent mehr Flüssigkeit auf. Ob die Gäule es lustig finden, mit Affenzahn eine eingeseifte Rennbahn entlangzuschliddern, ist allerdings fraglich.

Der Idealhamster ist elastisch

Es gibt eigenartige Hobbys. Zu den merkwürdigsten gehört das Hamstersammeln. Unser 14jähriger Nachbarsjunge hat sieben der pausbäckigen Fellbeutel. Es hatte ganz harmlos mit einem Kompromiß angefangen: Daniel hatte sich zu seinem achten Geburtstag ein Rottweilerpärchen gewünscht, während die Eltern für einen Goldfisch plädierten. Man einigte sich schließlich auf einen Hamster, weil man mit ihm nicht Gassi gehen muß, er aber im Gegensatz zu einem Fisch den Jackenärmel hinaufkrabbeln kann.

Es blieb nicht bei dem einen Tier. Während andere Kids ihr Geld in Oasis-Platten steckten, investierte Daniel fortan in seine Hamster-Kollektion.

Von der Originalbesetzung ist heute keiner mehr dabei: Einer ging verloren, weil Daniel im Garten testen wollte, ob Hamster tatsächlich Röhrenbauten in der Erde anlegen, wie es im Lexikon hieß, ein anderer ist angeblich von unserer Katze verspeist worden, und ein dritter erlitt im Laufrad einen Herzinfarkt. Die übrigen starben eines natürlichen Todes. Daniel sorgte jedesmal postwendend für Ersatz.

Wenn er es bloß dabei bewenden ließe! Doch er schleppt seine Tiere regelmäßig zum Goldhamsterball, wo der schönste Nager prämiert wird. Diese Hamster-Shows muß man gesehen haben: lange

Tische mit endlosen Reihen kleiner Holzschachteln, in denen – für das ungeübte Auge – völlig identische Fellknäuel liegen. Hamsterfreunde können die Viecher angeblich unterscheiden. Es gibt sogar Punktrichter, die Größe, Farbe, Fellbeschaffenheit, Verhalten und Festigkeit des Körpers bewerten.

Früher sei das einfacher gewesen, meint Daniel: An den Jugend-Bezirksmeisterschaften nahmen fast ausschließlich Kinder teil, bei der Punktwertung ging es großzügig zu, und am Ende hatten alle irgendeinen Preis gewonnen. Bei den Erwachsenen seien die Regeln strenger, und die Sache werde viel ernster genommen. Warum es bei den Kategorien der Wettkampfhamster nach dem Alter der Besitzer geht, erscheint mir rätselhaft. Beim Pferderennen starten die dreijährigen Gäule ja auch gegeneinander, ob der Jockey nun 19 oder 90 ist.

Jedenfalls liegt der Hamster, den Daniel ins Punktrennen schicken will, nun in einer dieser Holzschachteln und döst vor sich hin. Daniel versucht, ihn für ein Stück Gurke zu interessieren, weil er intelligenter aussehe, wenn er nicht schlafe. Hamster können sich mehr als ein Fünftel ihres Körpergewichts an Futter in die Backentaschen schieben, lerne ich. Wenn das auch mit Guinness funktionierte, würde ich die Tierchen echt beneiden.

Da kommt auch schon der Punktrichter. Er piekt Daniels Hamster mit dem Finger in die Seite, zieht das Tier ein wenig in die Länge und trägt irgendetwas in seine Liste ein. Offenbar muß der Ideal-

hamster elastisch sein. Dann greift er den ah-
nungslosen Nager unter dem Bauch und wendet
ihn wie einen Pfannkuchen, um zu sehen, ob die
Fußnägel ordentlich manikürt sind. Der Hamster
zappelt wie ein Maikäfer. Einen Preis gewinnt er
für diese Vorstellung aber nicht. Scheiße, murmelt
Daniel und steckt das verwirrte Tier in die Mantel-
tasche. Er hätte damals doch auf dem Rottweiler
bestehen sollen, meint er: Wenn der Punktrichter
dem mit einem Finger in die Seite gepiekt hätte,
wäre der Arm ab gewesen.

Überfall im Morgengrauen

Früher hatte ich geglaubt, daß man als Landei
geboren wird. Inzwischen weiß ich, daß man
das auch im späteren Leben noch werden kann.
Jutta hatte früher in der Anzeigenabteilung der *taz*
in Berlin gearbeitet und galt zu Recht als Groß-
städterin. Doch eines Tages lernte sie im Urlaub einen Iren kennen, heiratete ihn und zog zu ihm in
sein kleines Dorf an der irischen Westküste, wo die
Menschen ein bißchen wunderlich sind. Sie ge-
wöhnte sich alsbald an das dörfliche Leben, durch-
schaute die komplizierten sozialen Verflechtungen
der ländlichen Gemeinschaft und lernte die Eigen-
arten ihrer Mitmenschen kennen und lieben.

Doch die Liebe zu ihrem Iren erkaltete nach wenigen Jahren, und Jutta floh aus dem Dorf in die Hauptstadt an der gegenüberliegenden Küste Irlands, wo sie sich ein kleines Reihenhaus in einer Vorortsiedlung kaufte. Schon in der ersten Nacht bereute sie diesen Schritt, vor dem man sie im Dorf eindringlich gewarnt hatte. Dublin sei ein Hort der Sünde und des Verbrechens, meinen die Provinzler, die sich bei Erwähnung der Hauptstadt stets bekreuzigen. In Dublin heißen die Landeier „Culchies" – nach dem gottverlassenen Dorf Kiltimagh in der ebenso gottverlassenen Grafschaft Mayo. In dieser Nacht schienen sich die Vorurteile der Culchies zu bewahrheiten.

Gegen vier Uhr nachts wurde Jutta von einem merkwürdigen Geräusch wach. Als sie im ersten Stock den Schlafzimmervorhang vorsichtig zur Seite schob, sah sie einen Kleinlaster vor ihrer Tür parken. Sie lief mit weichen Knien in Windeseile, aber lautlos nach unten und bemerkte zu ihrem Schrecken, daß ein junger Mann mit einer tief ins Gesicht gezogenen Pudelmütze die Einfahrt zum Haus heraufschlich. In der Hand trug er etwas, das wie eine Waffe aussah.

Was tun? Um die Polizei zu rufen, war es zu spät. Angriff ist die beste Verteidigung, sagte sich Jutta: Als der Pudelmützenträger an der Eingangstür angelangt war, trommelte sie von innen mit den Fäusten dagegen und brüllte gleichzeitig wie eine Indianerin auf dem Kriegspfad. Zu ihrer Erleichterung flitzte der junge Mann wie ein Wiesel zu seinem

Fluchtfahrzeug, warf sich hinter das Steuer und jagte mit quietschenden Reifen davon.

Was aber, wenn er zurückkehrte, nachdem ihm eingefallen war, daß es in Dublin gar keine Indianer gibt? Es wäre wohl besser, so schoß es Jutta durch den Kopf, die Polizei zu verständigen. Nach einer Weile meldete sich trotz der unchristlichen Uhrzeit jemand beim Notruf, und Jutta berichtete von dem versuchten Einbruch und ihrem mutigen Einsatz, mit dem sie den offenbar nicht sehr abgebrühten Möchtegern-Einbrecher in die Flucht geschlagen hatte. Der Beamte versprach, einen Kollegen zum Beinahe-Tatort zu schicken.

Bereits nach einer Viertelstunde klingelte es. Ein freundlicher, dicker Polizist mit verschlafenem Gesicht stand mit einer Flasche Milch in der Hand vor der Tür und brummte: „Haben Sie früher auf dem Land gewohnt?" Als Jutta bejahte, erklärte er im Ton eines Mannes von Welt, der einem Culchie die Zivilisation erklären will: „In Dublin ist es Sitte, daß man Neuankömmlingen eine kostenlose Flasche Milch vor die Tür stellt. Sie haben den armen Milchmann zu Tode erschreckt, so daß er seine Tour abgebrochen hat und ich nun die Milch austragen muß."

Katzenmörder im Arztkittel

Katzen haben neun Leben. Manchmal reicht das aber nicht aus. Als Brendan aus Galway im Westen Irlands neulich nach einer Runde Golf nach Hause fuhr, lief ihm eine Katze vor das Auto. Da Brendan ziemlich zügig gefahren war, konnte er nicht mehr bremsen und überrollte die Mieze. Ein paar Kilometer weiter bekam er Gewissensbisse. Brendan ist nämlich Arzt, auch wenn er eigentlich eher für Menschen zuständig ist. Wenn die Katze nun gar nicht tot war, schoß es ihm durch den Kopf, sondern schwerverletzt überlebt hatte? Besser, man machte ihr vollends den Garaus, damit sie sich nicht lange quälen mußte.

Also fuhr er wieder zurück – und tatsächlich: Das Tier hatte sich zum Sterben auf eine Mauer am Straßenrand geschleppt, die Augen waren geschlossen. Brendan nahm seinen schwersten Golfschläger aus dem Kofferraum und briet ihn der Katze über den Schädel. Ein paar Zuckungen, und sie war tot. Eine Frau vor dem strohgedeckten Cottage auf der gegenüberliegenden Straßenseite hielt ihn offenbar für einen Katzenhasser, weil sie die Vorgeschichte nicht mitbekommen hatte, und warf Steine nach ihm. Lange Erklärungen erschienen Brendan ziemlich sinnlos. Er sprang vorsichtshalber in seinen Wagen und machte sich aus dem Staub.

Nach einer Viertelstunde war die Fahrt zu Ende:

Eine Polizeistreife stoppte ihn. Ob er öfter in der Gegend herumfahre und Katzen erschlage, wollte der Beamte wissen. Die Frau hatte auf dem Revier angerufen. Brendan erklärte ihm den Grund für die nur bei oberflächlicher Betrachtung barbarische Tat, die in Wirklichkeit dem Wohle der Katze diente. Er solle sich doch mal den Kühlergrill seines Wagens ansehen, riet ihm der Polizist. Dort hing, wie Jesus am Kreuz, der gestreifte Kater, den Brendan überfahren hatte. Die Katze am Straßenrand hatte nichtsahnend in der Sonne gedöst, als der Golfschläger sie traf. Kein Wunder, daß die Frau, der das Tier gehörte, mit Steinen nach dem Katzenkiller geworfen hatte.

Robuster als die beiden Miezen, die Brendan zum Opfer fielen, sind die Katzen von Tontechnikern beim Film. Dabei handelt es sich nicht um echte Tiere, sondern um Hüllen aus Kunstfell, die Mikrofone bei Außenaufnahmen vor Windgeräuschen schützen. Liam hatte seinem Mikrofonpullover eine rote Zunge angenäht, wodurch er einer richtigen Katze zum Verwechseln ähnlich sah, wenn er bei Liam auf dem Arm lag.

Eines Tages bei einer Pause der Filmaufnahmen in dem kleinen südirischen Dorf Templemartin, dessen Bewohner sich vollständig am Straßenrand versammelt hatten, wollte Liam sich ein Späßchen machen: Er legte seine „Katze" vorsichtig auf den Boden. Dann versetzte er dem Fellbeutel einen mächtigen Fußtritt und brüllte ihn an, er solle gefälligst aus dem Weg gehen. Liam hatte allerdings

kaum Gelegenheit, sich über die entsetzten Gesichter der Dörfler zu freuen, weil im nächsten Moment eine alte Dame mit einem Spazierstock auf ihn losging und ihm die hölzerne Waffe ein ums andere Mal um die Ohren haute. Liam beteuerte, daß es sich bei seiner Katze gar nicht um ein lebendiges Tier handelte, doch die Frau funkelte ihn wütend an und fauchte: „Jetzt natürlich nicht mehr, du dreckiger Tierquäler!" Dann zog sie ihm den Holzstock ein letztes Mal über den Schädel. Liam hatte Glück, daß die Alte keine Golfspielerin war.

Welpenparty gegen
Verhaltensstörungen

Das sicherste Zeichen für einen Wirtschaftsboom ist die plötzliche Vermehrung von Hun-
depsychologen. Ein Land, das es sich leisten
kann, seine Vierbeiner zur Verhaltenstherapie zu
schicken, ist aus dem Gröbsten raus.

Neulich kam eine Postwurfsendung vom Vete-
rinärmediziner, der unsere Katze schon drei Mal
nach Begegnungen mit den beiden Nachbarszwil-
lingshunden zusammengeflickt hat. Er habe noch
ein paar Plätze bei seinen „Welpenparties" frei: Einmal im Monat kommen nagelneue Tölen in der Praxis zusammen, um unter Anleitung der „aus Funk
und Fernsehen bekannten Mary Owens" Sozialver-
halten zu üben. Damit könne man gar nicht früh
genug anfangen, hieß es in dem Brief: Einzelhunde
neigten im späteren Hundeleben zu Verhaltens-
störungen.

Er hat recht. Caroline, eine entfernte Verwandte,
hatte viele glückliche Jahre mit Bosco verbracht,
doch plötzlich wurde die Hündin bockig. Manchmal
blieb sie mitten auf der Hauptstraße sitzen, ein anderes Mal hatte sie keine Lust auf einen Strand-
spaziergang. Ein riesiges Problem, ist die Labrador-
Hündin doch mindestens zehn Kilo schwerer als
Caroline. Doktor Flynn, der Tierpsychologe, tippte
auf Machtkampf. Nach jahrelanger Unterwerfung
fand Bosco offenbar, daß es an der Zeit sei, die

Führung des sechsbeinigen Rudels zu übernehmen, analysierte der Psychologe. Caroline mußte zugeben, daß Bosco sie seit einiger Zeit mit einem regelrechten Bodycheck aus dem Weg räumte, kaum daß sie die Haustür aufgeschlossen hatte, um dann erhobenen Hauptes als erste durch die Tür zu schreiten.

Hinzu kommt, daß das Tier auch noch unter Trennungsangst leidet – wie übrigens 14 Prozent seiner Artgenossen, wie man aus dem Werbeblatt erfährt. Kaum zieht Caroline morgens die Autoschlüssel aus der Handtasche, kotzt Bosco auf den Teppich. Auch hier wußte der Psychologe Rat: Frauchen müsse das Hundchen verwirren, indem sie öfter mal die Autoschlüssel aus der Handtasche zieht, doch dann zu Hause bleibt. Kein guter Tip, wie sich herausstellte, aber wenigstens kann sie den Teppich nun gleich wieder sauber machen, bevor das Zeug eintrocknet.

Verhaltenstherapie für Hunde ist in den USA erfunden worden, dem Land von Lassie und Rin Tin Tin. Diese beiden Überhunde sind auch schuld daran, daß viele Leute glauben, Hunde hätten menschliche Eigenschaften. Wie aber erklärt man einer alten Dame, warum ihr Haustier ständig das Sofakissen bespringt und dabei mit der Hüfte kreist? Im Fernsehen kann er das nicht gesehen haben, Lassie tut so etwas nicht. „Ignorieren", rät Doktor Flynn. Und den Kissenbezug täglich waschen.

Was ein Tierpsychologe kann, kann unsere Katze schon lange: Sie hat die Verhaltenstherapie der

beiden Nachbarshunde übernommen. Jedesmal
wenn Penny und Tuppence, die bulligen Promena-
denmischungen, Gassi geführt werden, legt sich die
Mieze aufs Fensterbrett und maniküt sich die Krallen. Dann drehen die Köter regelmäßig durch und
springen wie Jo-Jos an der Hauswand hoch. Der
Nachbar, dem das peinlich ist, vermöbelt die Tiere
daraufhin, während die Katze sich genüßlich die
gestreckte Mittelkralle leckt. Die Therapie scheint
zu funktionieren: Als Penny und Tuppence neulich
die Katze erspähten, zogen sie instinktiv die Köpfe
ein und begannen jämmerlich zu winseln.

Der Weg ins Glück
führt über die Leihbücherei

Der Trend geht zum Leihbuch. Jedenfalls in Waterford im Süden Irlands. Die kleine Bücherei an der Lady Lane verspricht in ihrer Werbung, daß der Leseausweis ein „Weg ins Glück" sei. Nun ist die Reklame wahr geworden: Ein Unbekannter hat Rubbellose im Wert von 20.000 Pfund in den Büchern versteckt. 500 Stück sind bereits gefunden worden, mehrere Kinder haben Preise zwischen 50 und 100 Pfund gewonnen.

Als die Nachricht bekannt wurde, sind die Menschen aus der ganzen Region herbeigeströmt, haben ihre zwei Pfund Beitrittsgebühr entrichtet und umgehend die Leihbüchereibestände gefleddert. Es gibt immerhin 70.000 Bände. Es sei wie beim großen Goldrausch in Amerika, meint die Bibliothekarin Loretta Kinsella: „Es ist unglaublich. Freitag nachmittag ist es normalerweise sehr ruhig bei uns. Jetzt haben wir die halbe Stadt hier."

Bücher will jedoch niemand ausleihen, aber alle blättern hektisch in Werken, die sie sonst nie anfassen würden: Ein Zwölfjähriger hatte sich ein Buch über die Relativitätstheorie geschnappt, die Deckel nach hinten gebogen und schüttelte den Einstein so kräftig durch, daß die Seiten herausfielen. Ein Rentner studierte eingehend ein Bilderbuch für Kinder im Krabbelalter, eine Nonne machte sich über eine Sammlung schlüpfriger Limericks her.

Die irische Lotteriegesellschaft schwört, daß es sich keineswegs um einen ihrer dusseligen Werbetricks handle. Das hatte man zuerst nämlich angenommen, hatte sie mit ihrer neuesten Fernsehwerbung doch einen peinlichen Flop gelandet: In dem Werbefilmchen sitzen drei Männer an der Bar, und zwei springen plötzlich auf, weil sie im Lotto gewonnen haben. Der Dritte starrt völlig ungerührt in sein Guinness. Umfragen ergaben, daß die Mehrheit der Zuschauer den Streifen für eine Guinness-Reklame hielt.

Die Rubbellose kosten ein Pfund, jedes neunte Los gewinnt. Man kann Preise bis zu 20.000 Pfund sowie einen Fernsehauftritt bei der Nationalen Lottoshow gewinnen. Es müsse sich um einen „Menschen mit gutem Herzen" handeln, glaubt die Lotterie-Sprecherin, der die Lose in den Büchern „zum Wohle der Menschen von Waterford" versteckt habe. Möglicherweise sei es einer der 70 Lottomillionäre, die es seit der Gründung des Staatslottos vor ein paar Jahren gibt. Die Lottogesellschaft hat ein wenig nachgeforscht: Zwei der Lose wurden in Ennis im Westen Irlands gekauft. Dort hat es in letzter Zeit aber nur einen großen Gewinn gegeben: eine Tippgemeinschaft aus 24 Polizisten. Eine Anfrage beim Revier ergab die kategorische Antwort, daß keiner der Beamten aus Waterford stamme.

Oder ist der vermeintliche Wohltäter etwa ein geheimer Sünder, der auf diese Art Buße tun will? Die

Idee ist jedenfalls prima. Davon könnte sogar die katholische Kirche etwas lernen, um die verlorengegangenen Schäfchen wieder in die Gotteshäuser zurückzutreiben. Vor ein paar Jahren beteuerten noch über neunzig Prozent der Bevölkerung, daß sie sonntags zur Messe gingen. Jetzt sind es nicht mal mehr zwei Drittel. Ein Rubbellos im Gesangsbuch könnte Wunder wirken. „Errubbel dir drei heilige Marias, und du gewinnst 50 Pfund", könnte der Slogan lauten. „Drei Satansbildchen bringen 666 Pfund, und dreimal Jesus bringt einen Tausender inklusive Sündenvergebung."

Die Königin der Runzligen

Es waren fünfzig glückliche Jahre, log der Herzog von Edinburgh, als er mit Königin Elisabeth Goldene Hochzeit feierte. Man habe sich stets die Arbeit gerecht aufgeteilt und eine vernünftige Balance zwischen individuellen und gemeinsamen Interessen gefunden, sagte er. Während er auf die Jagd ging, fütterte sie die Corgis.

Leicht hatte man es freilich nicht: „Wir mußten unsere Kinder unter schwierigen und belastenden Umständen großziehen", sagte er. „Dafür sind sie ziemlich gut gelungen, und man möge mir verzeihen, daß ich stolz auf sie bin." Die nächste Generation mache sich auch schon ganz prächtig, fand er und dachte: Trotz der Mütter, die ja nun so gar nicht zur Familie passen.

Die „Hochzeitsfiesta", wie das siesta-auslösende Ereignis hieß, wurde auf zwei Tage ausgedehnt. Weil das Pärchen sich nach dem Tod Dianas und dem anschließenden PR-Desaster ein bißchen volksnäher geben wollte, fuhr man nicht in der goldenen Staatskutsche, sondern im Rolls-Royce zur Westminster-Abtei und ging nach der Messe eigenfüßig vor der Kirche spazieren. Prinz Philip erinnerte sich dabei an damals, als an die bösen Schwiegertöchter noch gar nicht zu denken gewesen war: „Alle fanden, daß unsere Hochzeit nach den öden Kriegsjahren ein wenig Farbe in ihr Leben gebracht hat. Damals war ja praktisch alles noch rationiert." Offenbar vor allem Philips Verstand. Oder mußte er etwa nach Rolex-Uhren anstehen? Heute hat er 500 Stück davon.

Jedenfalls war vor 50 Jahren die Welt noch irgendwie in Ordnung, und Elisabeth hätte es gerne wieder so wie früher. „Ich finde manchmal, daß sich die Welt zu schnell für ihre Bewohner verändert, zumindest für uns alte", sagte sie vor kurzem im pakistanischen Parlament. Über den „Finger auf dem Zeitraffer" ist sie nicht amüsiert, auch wenn er ihrem PR-Berater Tony Blair gehört. Zwar hat sie ihre eigene Website im Internet, auf der man eine alte Frau mit Kopftuch sehen kann, doch beim Wort „Keyboard" denkt sie an ein Klavier. „Ein alter Hund lernt keine neuen Tricks mehr", lautet ein engli-

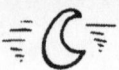

sches Sprichwort. Und ein Corgi schon gar nicht.

Nun war die Kwien ja auch in ihrer Jugend nicht besonders aufgeschlossen gegenüber Veränderungen. Die Technophobie ist bei den Windsors offenbar erblich. Königin Mary, Elisabeths Großmutter, hat sich zeitlebens geweigert, ein Telefon zu benutzen. Wenigstens das hat die Enkelin gelernt, wie ihre exorbitanten Telefonrechnungen beweisen.

Die „Runzligen" – so nennt die britische Presse die Senioren – sind empört. „Nur weil sie zu blöd ist, ihren Videorecorder zu programmieren, muß sie uns nicht alle über einen Kamm scheren", sagte eine 95jährige Untertanin. „Wenn sie nichts mehr rafft, dann ab ins Heim. Bei den teureren Heimen darf man sogar Hunde mitbringen."

Die ebenfalls 95jährige, aber adlige Barbara Cartland, Autorin von rund tausend Romanen, gibt der Königin dagegen recht. „Wir müssen wieder so werden wie früher", sagte sie, „als sich die Männer noch wie Gentlemen benahmen." Oder war das ein Seitenhieb gegen die Queen und ihren mißratenen Ältesten? Schließlich war Barbara Cartland die Stiefoma von Diana.

Der Autositz ist immer naß

Im Zeitalter von New Labour, wo Premierminister Tony Blair „permanente Veränderungen" proklamiert, ist es beruhigend, daß manche Dinge sich niemals wandeln. Englischer Rassismus zum Beispiel. Man sehe sich nur die „Soap Operas" an, jene endlosen Fernsehserien, in denen sich belanglose Menschen belanglose Dinge antun. Ein Ire oder eine Irin ist immer dann dabei, wenn ein Depp gebraucht wird.

Neulich bei „Eastenders", das in London spielt, war es gleich ein ganzes Dorf. Pauline Fowler, die Hauptfigur, sucht ihre verschollene Schwester in dem irischen Dorf Kilmoneen. Sie findet sie samt schmuddeligem, trunkenen Ehemann, der umgehend über Pauline herfällt und sie küssen will. Als sie sich wehrt, sieht die Saufnase die anglo-irischen Beziehungen gefährdet.

Die anderen Familienmitglieder sind auch nicht besser: Manche sind verrückt, andere gewalttätig, und der Rest erstaunlich einfältig. Und alle leben unter einem Dach: Vater, Mutter, fünf Kinder samt Ehepartnern und den rothaarigen Kindeskindern – sowie den Schafen und Kühen, die überall frei herumlaufen und am Mittagessen teilnehmen. Nicht als Mahlzeit, sondern als gleichberechtigte Familienmitglieder.

Der Dorfheld ist hoch angesehen, weil er 20 Biere trinken kann, ohne umzufallen. Die tumben Landeier fahren Autos, bei denen man Zeitungspapier auf die Sitze legen muß, weil sie aus unerfindlichen Gründen immer feucht sind. Und als der Fisch in dem unappetitlichen Dorfladen einmal ausverkauft ist, springt ein Eingeborener ins Boot, fängt sich einen Lachs und brät ihn am Lagerfeuer. Dazu trinkt er Feuerwasser. Komisch nur, daß das ostirische Bergdorf plötzlich am Meer liegt, die Blechkisten Dubliner Nummernschilder haben und die Einwohner mit westirischen Akzenten sprechen.

Die BBC entschuldigte sich bei den Zuschauern nach dem „Eastender"-Besuch in Irland. Man habe niemanden beleidigen wollen, hieß es. Dann wiederholte der Sender die drei Folgen am vorigen Sonntag. Warum auch nicht? Die Sache hat ja Tradition. Bereits in vergangenen Jahrhunderten wurden die Iren in englischen Karikaturen als Halbaffen dargestellt, die Kartoffelsäcke am Leib trugen und stets 17 Kinder sowie eine Flasche Schnaps bei sich hatten.

Seit Beginn des Fernsehzeitalters geht man nicht wesentlich subtiler vor. Bei „Coronation Street", dem Vorbild für die „Lindenstraße", tauchte 1960 die Irin Concepta Reilly auf, ein liebes, reines, naives katholisches Mädchen vom Land. Sie kam noch glimpflich davon. 30 Jahre später zog Carmel Finnan in die unsägliche englische Straße. Anfangs ähnelte sie ihrer Vorgängerin Concepta, doch dann entpuppte sie sich als gemeingefährliche, gestörte Krankenschwester aus dem Jenseits – beziehungsweise aus Irland in diesem Fall. Die irischen Männer in der „Coronation Street" haben Alkoholprobleme und vermöbeln ihre Frauen. Bei „Brookside", einer angeblich progressiven Seifenoper aus Liverpool, endete der Trinker Trevor Jordache einzementiert unter der Terrasse – ein Schicksal, das er aufgrund seiner irischen Widerwärtigkeiten zweifellos verdiente.

Bei „Eastenders" war vor Jahren schon mal ein Ire zu Gast. Aidan galt als Fußballtalent und hoffte auf einen Vertrag in London. Das klappte freilich nicht, denn Fußball ist ein englisches Spiel. Aidan wohnte schließlich in einem Pappkarton unter einer Eisenbahnbrücke und wollte sich umbringen. Er wurde gerettet, weil der Sendetermin in der Weihnachtszeit lag und den englischen Zuschauern das christliche Fest nicht mit einem toten irischen Versager verdorben werden sollte.

Die weiße Teenagerin und der tote Halbnigger

Eine Nation ist durchgeknallt. Louise Woodward, eine britische Teenagerin, ist von einem ausländischen Gericht verurteilt worden, weil sie das Baby Matthew Eappen getötet hat. Was wissen Ausländer schon von Gerechtigkeit? Diese Frage stellt sich im Mutterland der fairen Justiz jedesmal aufs Neue, wenn britische Staatsbürger in der Fremde angeklagt werden. Das war bei den Liverpooler Hooligans so, die in Brüssel unter italienischen Fans ein Blutbad angerichtet hatten und dafür vor ein belgisches Buschgericht kamen, und das ist bei den beiden Krankenschwestern so, die in Saudi-Arabien eine Kollegin ermordet haben und denen die Halbwilden da unten mit der Todesstrafe drohen.

Der *Independent*, der einst geschworen hatte, die Königliche Familie für alle Zeiten zu ignorieren, widmete Woodward vier Seiten. Unter anderem hatte das Blatt eine Teenagerin ausfindig gemacht, die den Job bei der Eappen-Familie abgelehnt hatte. Warum? „Weil sich das ältere der beiden Kinder beim Vorstellungsgespräch in meine Wade verbissen hatte." Logische Schlußfolgerung: Die Eappens haben ein Rad ab.

Selbst in Dublin griff die Louisemanie um sich. Neulich im vollbesetzten Dart, der Küstenschnellbahn, quetschte sich ein Betrunkener ins Abteil und legte gleich los: „Das verdammte Mädchen ist unschuldig", lallte er, „es war die verdammte Mutter." Das ging eine Viertelstunde so, und die Berufsverkehrspassagiere ließen es schweigend über sich ergehen. Dann wankte die Saufnase aus dem Abteil, drehte sich an der Tür um und nuschelte wie eine Stewardeß nach Vorführung der Sauerstoffmaske: „Vielen Dank für Ihre Aufmerksamkeit."

Nur wenige behielten angesichts des Massenwahns die Nerven. Ed Vulliamy schrieb im *Observer:* „Es hat sich herausgestellt, daß die arrogante Hysterie von Tony Blairs selbstzufriedenem Britannien nichts weiter ist als Thatchers ekelhafte Xenophobie, garniert mit Wirtschaftsboom und Trend-Restaurants." Der Aufschrei einer Nation, die Menschen wie die Birmingham Six, die Guildford Four und viele andere im Knast hat verrotten lassen, ist in der Tat rassistisch. Das Baby war ein Halbnigger, der Vater Inder, die Mutter geldgierig, weil sie arbeiten ging, statt bei Kind und Küche zu bleiben.

Mit der Umwandlung des Urteils von Mord in Totschlag ist man in Woodwards Heimat nicht zufrieden – ein Freispruch muß her. Wie man das macht, hat die britische Justiz in einem wenig beachteten Fall, der zur gleichen Zeit wie das Woodward-Spektakel verhandelt wurde, vorexerziert. Derek Bentley, wie Woodward 19 Jahre alt, war verurteilt worden, weil er bei einem Einbruch in eine Lagerhalle in Süd-London den Polizisten Sidney Miles erschossen haben soll. Das Berufungsgericht sprach ihn vorige Woche frei, weil bei dem Prozeß ein medizinisches Gutachten verheimlicht worden war: Bentleys geistige Reife entsprach der eines Elfjährigen, darüber hinaus hatte die Polizei beim Verhör zahlreiche Vorschriften verletzt.

Der Freispruch nützt Bentley freilich wenig: Er ist zwar nun rehabilitiert, aber vor 44 Jahren für die nicht begangene Tat gehängt worden. Woodward, nicht ganz rehabilitiert, hat man dagegen eine Million Dollar für Buch- und Filmrechte angeboten.

Die Doppelkoje
in der letzten Reihe

Wir gehen jetzt wieder öfter ins Kino. Neulich zum Beispiel: „Wilde" von Brian Gilbert. Kein schlechter Film, sondern viel schlimmer: ein langweiliger Film. Wer jemals etwas von Oscar Wilde gehört hatte, wußte genau, was in der nächsten

Szene passieren würde. Und wie sich Wilde durch die Betten diverser Männer schlappte, so schleppten wir uns zunächst durch den Film.

Dann wurde es aber doch noch interessant. Das lag daran, daß Aine, John und Anne Karten für die letzte Reihe besorgt hatten. Dort sitzen, seit James Joyce 1904 das erste Filmtheater in Dublin eröffnete, normalerweise junge, unverheiratete Pärchen, die in Ermangelung eigenen Wohnraums ins Kino müssen, um im Dunkeln allein zu sein. Dabei ist es ihnen völlig wurscht, welcher Film gerade läuft.

Das wurde immer stillschweigend geduldet, zumal es unbequem und daher ungefährlich war, doch nun hat Virgin – ausgerechnet Virgin! – im Nordteil Dublins ein Kino aufgemacht, in dem das heimliche Schmusen geradezu gefördert wird. Ein Symbol des moralischen Verfalls der Grünen Insel: In der letzten Reihe fehlt jede zweite Armlehne, so daß sich die Teenager in Doppelkojen lümmeln können.

Das taten sie dann auch. Da ich knapp über das Kinoschmusealter hinaus bin und außerdem über eigenen Wohnraum verfüge, teilte ich mir mit John einen Doppelsitzer, während neben uns ein minderjähriges Paar saß und sich durch die Nähe von uns Erwachsenen keineswegs bremsen ließ. Kaum war das Licht aus, da fiel der Knabe über das Mädel her, so daß die gesamte Stuhlreihe ruckelte. Es war, als ob auf der Leinwand ein Wackelbild aus den Kindertagen des Kintopps lief. Dabei raunzten sich die beiden Nettigkeiten ins Ohr, die ich wegen der Super-Dolby-verstärkten Wilde-Stimme aber nicht verstehen konnte.

In seinem „Irischen Tagebuch" hatte sich Kettenraucher Heinrich Böll 1957 noch gefreut: „Hier – welch eine Wohltat – darf man im Kino rauchen." Das ist inzwischen verboten, und Böll würde sich im Grabe umdrehen, wenn er wüßte, was heutzutage in irischen Kinos geschieht. Vermutlich sind die Aktivitäten in der letzten Reihe der Hauptgrund dafür, daß die Iren die fleißigsten Kinobesucher Europas sind. Schließlich ist ein Drittel der Bevölke-

rung unter 25 Jahre alt – und ohne eigene Wohnung.

Unsere Nachbarn waren höchstens 16. Während auf der Leinwand eine heftige schwule Liebesszene lief, spielte sich neben uns die Hetero-Variante ab. Der junge Mann hatte sich längst ausgestreckt, so daß seine Beine quer über meinen Knien lagen. Die Sitze wackelten immer bedenklicher. Endlich mußte das Mädchen auf die Toilette. Gelegenheit, einen Augenblick ruhige Bilder von Wilde und seinem Freund Bosie, dem späteren Faschisten, zu betrachten? Weit gefehlt. Der Knabe nutzte die vorübergehende Abwesenheit seiner Freundin, um das Liebesnest mit Jacken und Pullovern auszubauen. Das hätte mich nicht weiter gestört, hätte er dazu nicht auch meinen Mantel verwendet. Wenigstens freute sich die Freundin über die Umgestaltung des Sitzes, der jetzt wie ein regelrechtes Bett aussah.

Daß der Film irgendwann zu Ende war, merkten die beiden erst, als ich sie um Herausgabe meines Mantels bat. Nie wieder letzte Reihe! Dann lieber den Rasiersitz ganz vorne.

In Ilrand ist das Renklad lechts

Irgendwann mußte es passieren. Zunächst hatte ich das Pärchen, das an der Tür geklingelt hatte, für Zeugen Jehovas gehalten und versucht, sie zu verscheuchen. Da zückte der Mann in Kojak-Manier eine offiziell aussehende Marke und bellte: „Steuerfahndung." Ob ich nicht wisse, fragte er, daß man in Irland ein Auto innerhalb von 24 Stunden anmelden müsse, nachdem man es importiert hat? Diese Frist hatte ich recht deutlich überschritten: Ich fahre seit sechs Jahren mit deutschem Nummernschild herum. Lügen hatte keinen Zweck, soviel war klar. Die beiden schienen gut informiert. Jetzt ging es darum, ein gebührendes Maß an Zerknirschung zu zeigen.

Früher mußte man Einfuhrzoll in Höhe von 50 Prozent des Wagenwertes zahlen. Da Autos in Irland offenbar mehr wert sind als anderswo, war das ein teures Vergnügen. Dann kam der europäische Einheitsmarkt, die Zollgrenzen fielen und alles blieb beim alten: Statt des Einfuhrzolls erfand die irische Regierung eine Kfz-Registrierungssteuer in gleicher Höhe. Und die hätte ich bisher hinterzogen, erklärte mir der Beamte vorwurfsvoll. Er gab mir eine Woche Zeit, die Sache in Ordnung zu bringen.

Die Kfz-Meldestelle am Hafen erwies sich als winziger Verschlag mit einem Fenster, hinter dem sich ein riesiger Saal für drei Beamte erstreckte. Einer von ihnen schüttelte entsetzt den Kopf. „Ihr Auto hat das Lenkrad links", erläuterte er. Das war mir bekannt. „Sie wissen, daß die Autos in Irland Rechtslenker sind, und gefahren wird auf der linken Straßenseite." Auch das war mir bekannt, schließlich hatte ich den Wagen unfallfrei bis zu seinem Amt gelenkt.

Um die Autopapiere auszustellen, müsse er erst

den Computer an die kontinental-europäische Lenkradvariante anpassen, und das könne dauern. „Gehen Sie solange in den Pub an der Ecke", befahl er. Es war zehn Uhr morgens. Da ich mir meine Autopapiere nicht mit einer Alkoholfahne abholen wollte, trank ich einen Kaffee und ging zurück zur Meldestelle. Der Beamte machte ein bedauerndes Gesicht und verkündete, sein Versuch, den Computer umzustellen, sei vollkommen fehlgeschlagen. Das Gerät habe den Geist aufgegeben; es war wohl

mit der Unterscheidung von rinks und lechts über-
fordert. Heute würde jedenfalls niemand mehr ein
Auto in Irland anmelden können. Falls ich ihm tausend Pfund Registrierungssteuer daließe, würde er
mir alles zuschicken.

Ich zahlte und ging. Dann war der Autoschlüssel
weg. Ich hatte ihn stecken lassen in der Annahme,
daß der Wagen auf dem bewachten Parkplatz einer
Behörde so sicher sei wie in Abrahams Schoß.
Irrtum. Was tun? Mein Blick fiel auf das Fenster
der Amtsstube. Dahinter standen die drei Beamten
und grinsten. Einer von ihnen schwenkte meinen
Schlüssel wie ein Pendel vor seinem Gesicht. Die
Staatsdiener hatten sich des Schlüssels bemäch-
tigt, als ich im Pub war. Das war sehr lustig.

Eine Woche später bekam ich tatsächlich die Pa-
piere und einen Brief. „Sie haben drei Tage Zeit, um
die Kfz-Steuer zu zahlen und sich irische Nummernschilder zu besorgen", hieß es darin. Dazu
mußte man zu einer anderen Behörde. Dort wurde
mir erklärt, daß ich einen Versicherungsnachweis
vorlegen müsse, um die Steuermarke zu bekommen, die man an die Windschutzscheibe kleben
müsse. Wie ich an dieser Hürde ein ums andere Mal
gescheitert bin, erfahren Sie in der nächsten Geschichte.

Irische Versicherungen
sind wählerisch

In der letzten Geschichte ging es um die Schwierigkeiten bei der Einfuhr eines deutschen Autos nach Irland. Nach Überstehen zahlreicher Widrigkeiten und der schmerzlichen Trennung von Bargeld in bedeutender Höhe schien die Sache erledigt. Doch dann verlangte man einen Versicherungsnachweis, bevor die Behörde mir die Steuermarke aushändigen wollte, ohne die man bei jeder Polizeikontrolle umgehend Ärger bekommt.

Irische Versicherungen sind wählerisch, sie nehmen nicht jeden. Da ich aber ein Dokument meiner deutschen Versicherung vorlegen konnte, aus dem hervorgeht, daß ich seit meiner Geburt unfallfrei fahre, war ich optimistisch. Völlig grundlos, wie sich herausstellte. Der Versicherungsagent machte ein bestürztes Gesicht, als die Sprache auf das Linkssteuer kam. „Das kostet extra", meinte er, denn in Irland sei das Steuer normalerweise rechts. Dann verlangte er eine Bescheinigung, daß auch das Auto seit seiner Geburt unfallfrei sei. Diese Hürde ließ sich gerade noch bewältigen. Das stachelte ihn zu immer maßloseren Forderungen an.

Als nächstes verlangte er eine Fotokopie der Führerscheine aller Personen, die das Auto jemals fahren würden. Ich reichte drei Stück ein. Nun wollte er auch Kopien der Führerscheinrückseiten. Die tragen weder Nummer noch Namen, sondern sehen völlig identisch aus, aber ich tat ihm den Gefallen. Daraufhin verlangte er eine Bescheinigung, daß alle in Frage kommenden Fahrer lebenslang unfallfrei gefahren sind. In Irland wird die Versicherungsprämie pro Person berechnet. Und wenn sie zu jung ist, um Jahrzehnte schadensfrei zu sein, wiegt das noch schwerer als ein Linkssteuer. Ich erklärte mit Engelszungen, daß die deutsche Versicherung überhaupt nicht wissen könne, wer wie oft unfallfrei gefahren ist. Er schien das zunächst zu kapieren, stellte aber am nächsten Tag – diesmal schriftlich – dieselbe Forderung.

Inzwischen habe ich drei weitere Kopien aller Führerscheine sowie Bescheinigungen über Farbe, Unfallfreiheit und Motorennummer des Autos einreichen müssen, doch der Versicherungsagent war noch immer nicht zufrieden. Dann stand das Pärchen von der Steuerfahndung wieder vor der Tür. Diesmal verwechselte ich sie nicht – wie beim ersten Besuch – mit Zeugen Jehovas, sondern warf gleich den Teekessel an, um sie milde zu stimmen. Die Strategie war wohl zu durchsichtig. „Sie hatten drei Tage Zeit, um das Auto umzumelden", sagte er mit dem mir bereits bekannten vorwurfsvollen Ton. „Jetzt sind acht Wochen um, und das Auto hat noch immer deutsche Nummernschilder. Ein anonymer Anrufer hat uns darüber informiert." Aha, „Neighbourhood Watch" hatte wieder mal ein Verbrechen vereitelt. Oder war es der Versicherungsagent?

Ich legte den beiden den inzwischen sehr umfangreichen Briefwechsel mit der Versicherung vor.

Das sei ihnen egal, ich könne trotzdem die mir zu-
geteilten irischen Nummernschilder anbringen.
„Dann muß ich bei jeder Polizeikontrolle 50 Pfund
Strafe zahlen, weil kein Steuernachweis an der
Windschutzscheibe klebt", wandte ich ein. „Den be-
komme ich nämlich erst, wenn ich einen Versicherungsnachweis habe." Okay, heuchelte der Beamte
Verständnis. „Dann zahlen Sie stattdessen eben
1.000 Pfund Strafe wegen der deutschen Nummernschilder."

Die gehörlose Armee

Kann eine gesamte Armee über Nacht taub werden? Die irische schon. Es fing damit an, daß
ein Soldat schwerhörig wurde. Er vermutete, das sei
eine Spätfolge seiner Schießübungen im Dienste
der Nation. Sein Anwalt vermutete das auch, und
der Richter ebenfalls. Der Soldat kassierte umgerechnet 65.000 Mark Entschädigung. Kaum war
der Fall bekannt, da erlitt fast das ganze Heer
vor Schreck einen kollektiven Hörsturz. Von den
12.000 Berufssoldaten zogen mehr als 10.000 vor
Gericht.

Als sie in die Armee eintraten, hatten sie offenbar nicht damit gerechnet, irgendwann mal schießen zu müssen. Meistens werden sie auch zur Be-

wachung von Geldtransporten eingesetzt, nur fünf Stunden im Jahr sind sie in Gefechtsübungen mit scharfer Munition. Und das ist schlecht für die Ohren. So rollt nun „ein riesiger Laster ohne Bremsen den Berg hinunter und droht den Steuerzahler zu überfahren", stellte Verteidigungsminister Michael Smith fest. Nur wenige Klagen werden abgewiesen. Ein Soldat, der während seiner militärischen Laufbahn nicht einen einzigen Schuß abgefeuert hatte, ging leer aus, ebenso wie ein Journalist, der über das Leben in der Armee berichten wollte und bei Schießübungen zugeschaut hatte.

In den Richtlinien der Armee heißt es seit 1952, daß Soldaten Gehörschutz tragen sollen, wenn sie selber schießen oder neben einem Panzer stehen, der Granaten abfeuert. Wer wollte, konnte sich auf

Staatskosten Wattebäusche besorgen. Später genehmigte man auch noch ein Töpfchen Vaseline, mit der die Watte getränkt werden sollte. Der Nachteil: Die Soldaten hörten zwar keine Schüsse mehr, aber auch nicht die Befehle ihrer Vorgesetzten. Die mußten sich schriftlich Gehör verschaffen. Als in den achtziger Jahren neue Ohrstöpsel mit einem Ventil auf den Markt kamen, das sich erst bei lauten Geräuschen verschließt, winkte das Verteidigungsministerium ab: zu teuer. Nun wird es noch teurer.

Vier Anwaltsfirmen vertreten zusammen 3.000 schwerhörige Soldaten. Jeder Fall bringt dem Anwalt umgerechnet rund 20.000 Mark ein. Macht summa summarum 60 Millionen. Da die Fälle sich kaum unterscheiden, jedoch einzeln verhandelt werden, kann man die Klageschriften praktischerweise fotokopieren. Für die Anwälte ist es das gleiche, als ob sie Geld vervielfältigten.

Die Armee wird für Irland zu einem kostspieligen Hobby. Zur Landesverteidigung würden die paar Soldaten auch dann nicht taugen, wenn sie hören könnten. Feindberührung kennen sie nur aus ihren Einsätzen bei UN-Missionen. Das hat einen findigen Soldaten, der bei der Gehörlosenbonanza nicht absahnen konnte, auf einen brillanten Alternativplan gebracht. Er hat die Armee verklagt, weil sie keine Sonnenschutzcreme an die UN-Truppen im Libanon verteilt hatte. Der Soldat hatte sich einen Sonnenbrand in Sachen Frieden geholt. Nun ist die zweite Prozeßlawine ins Rollen gekommen – aber wohl nicht die letzte. Die Möglichkeiten sind nahezu unbegrenzt: Man kann wegen Haarausfalls aufgrund stundenlangen Helmtragens klagen, wegen Schweißfüßen aufgrund mangelhaft belüfteter Knobelbecher, oder wegen Sand in den Socken bei UN-Einsätzen in der Wüste.

Aus Sicherheitsgründen hat das Verteidigungsministerium jetzt Holzgewehre und Pappschilder verteilen lassen, auf denen steht: „Peng!"

Irlands Triumvirat des Horrors

Im Zusammenhang mit Richtern wird häufig das Adjektiv „weise" gebraucht – oft völlig grundlos. Auf Kieran O'Connor vom Dubliner Strafgericht zum Beispiel paßt eher die Beschreibung „unfähiger Klotzkopf". Vor seinem Gericht war der Schwimmlehrer Derry O'Rourke angeklagt, jahrelang kleine Mädchen vergewaltigt zu haben. Die Taten liegen zum Teil 20 Jahre zurück, doch erst jetzt konnten die Opfer öffentlich darüber sprechen. Eine Frau erzählte, wie O'Rourke anfangs ihre Brüste abtastete, um angeblich die Muskelbildung zu überprüfen, und sie später in dem kleinen Raum neben dem Schwimmbecken, der bei den Mädchen „Horrorzimmer" hieß, mehrmals in der Woche vergewaltigte.

„Ich bin ein Mann", erklärte der Richter wahrheitsgemäß, „ich war nie eine Frau." Aber er könne ihr Trauma dennoch sehr gut nachvollziehen, denn er habe ihre Geschichte ja in den Akten gelesen. Er fragte deshalb, warum sie alles vor Gericht nochmal erzählen wolle. Die Frau antwortete: „Es tut mir leid, wenn meine Qualen Sie quälen." Als sie sagte, daß sie seit damals nie wieder ein Schwimmbad betreten könne, meinte Richter Feingefühl: „Tja, muß eine ziemlich böse Sache gewesen sein. Aber ich habe schon viel Schlimmeres gehört." Im übrigen solle sie es mal mit einem Bad im Meer versuchen. Das sei sehr entspannend.

Der „Pool Pervert", wie ein Boulevardblatt O'Rourke getauft hatte, wurde zu zwölf Jahren Gefängnis verurteilt. Er war der letzte eines Triumvirats, das Irlands Schwimmsport jahrzehntelang beherrscht hatte. George Gibney, Frank McCann und O'Rourke, alle ehemalige irische Meister, waren für das Nationalteam, die Olympiaauswahl und die Nachwuchsförderung verantwortlich. Gibney war der erste, der des Kindesmißbrauchs beschuldigt wurde. Ein Mädchen vertraute sich damals ausgerechnet O'Rourke an. Seine Reaktion: „Na und?" Als die Eltern sich beim Schwimmverband beschwerten, empfahl man ihnen, die Sache auf sich beruhen zu lassen. Daraufhin verlangten sie eine Unterredung mit McCann. Der erklärte ihnen: „Ich kann nichts unternehmen, und Sie können es auch nicht." Später schwängerte McCann eine Schwimmerin. Damit seine Frau nichts davon erfuhr, brachte er sie um – und seine kleine Nichte ebenfalls, weil sie im Haus war, als er es anzündete.

Nachdem O'Rourkes Taten ans Licht kamen, fand er zu Gott. Zum Prozeß hatte er einen Priester mitgebracht, der eine Petition gegen eine Lockerung des Abtreibungsverbots unter der Soutane hervorzog. O'Rourke unterschrieb als erster, danach sollten die Eltern der von ihm vergewaltigten Mädchen unterzeichnen. Er schließe seine Opfer stets in seine Gebete ein, sagte O'Rourke. Seine Frau und eins seiner sechs Kinder erklärten, sie seien immer eine glückliche Familie gewesen – „und sind es noch".
Irlands Goldhamster Michelle de Bruin, die bei den Olympischen Spielen zwei Goldmedaillen gewann, war früher auch in O'Rourkes Obhut, er habe sie aber in Ruhe gelassen. Sie forderte die Auflösung des Schwimmverbandes. Eine Verbandssprecherin sagte am Wochenende jedoch, man habe die Lektion gelernt: Ab sofort müssen Schwimmtrainer, die mit Kindern arbeiten, ein Formblatt ausfüllen. Vielleicht sollte man das für Richter auch einführen.

Justitia und der verrückte Hutmacher

Die britischen Behörden scheinen ein verblüffend unglückliches Händchen zu haben, wenn es um die Berufung von Richtern geht. Jetzt wurde schon wieder einer als Knalltüte entlarvt. Jeremiah Harman, Richter am Londoner High Court, war schon zwei Mal zum schlechtesten Richter Großbritanniens gewählt worden. Als ihm dann auch noch das Berufungsgericht bescheinigte, das „Vertrauen der Öffentlichkeit in die gesamte Justiz" zu untergraben, hängte der 67jährige seine Perücke an den Nagel. Anders wäre man ihn kaum losgeworden, denn ein Richter des High Court kann nur durch Beschluß des Ober- und Unterhauses entfernt werden.

Es war erst das zweite Mal in diesem Jahrhundert, daß ein Richter wegen erwiesener Klotzköpfigkeit zurücktrat, obwohl die Liste ebenbürtiger Kandidaten ziemlich lang ist. In der Anwaltszeitung war Harman als „gemein, unberechenbar und verrückt wie ein Hutmacher" beschrieben worden, womit man dem „Mad Hatter" aus „Alice im Wunderland" freilich Unrecht tut. Harmans letztes Opfer war Rex Goose. Der Bauer war von einem Trickbetrüger hereingelegt worden, mußte aber nach Prozeßende noch 20 Monate auf das Urteil warten. Seine Anwälte hatten bereits überlegt, eine Lebensversicherung auf den Richter zugunsten ihres Klienten abzuschließen, damit der wenigstens die Prozeßkosten hätte bezahlen können, falls dem Richter etwas zugestoßen wäre. Unkraut vergeht aber nicht, und Goose ging leer aus: Als Harman endlich das Urteil verkünden wollte, waren ihm seine Notizen abhanden gekommen. An die meisten Beweise konnte er sich gar nicht mehr erinnern.

An Paul Gascoigne, genannt „Gazza", konnte er sich auch nicht erinnern, obwohl der zu den berühmtesten englischen Fußballspielern gehört und wegen diverser Skandale nicht nur die Titelseiten der Sportzeitungen beherrscht. Als Gascoigne gegen eine unautorisierte Biographie klagte, sinnierte Richter Harman: „Gazza? Gibt es nicht eine Operette namens La Gazza Ladra? Das ist eine sizilianische Leiter." In Wirklichkeit ist es eine diebische Elster, aber das spielte dann auch keine Rolle mehr. Harman wies Gascoignes Klage ab, weil er meinte, Reklame jeder Art sei für einen unbekannten Fußballer von Vorteil. Oasis und Bruce Springsteen waren ebenfalls Namen, die Harman noch nie gehört hatte. Kein Wunder: Die Hobbys des Richters sind Angeln, Jagen und das Beobachten von Vögeln.

Über Frauen hatte er eine sonderbare Meinung. Einer Zeugin, die nicht mit „Miss", sondern dem neutralen „Ms." angeredet werden wollte, antwortete der richtende Hutmacher: „Ich dachte immer, es gebe nur drei Arten von Frauen: Ehefrauen, Huren und Mätressen." Rechtsanwältinnen schickte er manchmal zurück in die Garderobe, wenn ihr Haar nicht ordentlich unter der Perücke versteckt war.

Anderen erging es noch schlimmer. Einem Taxifahrer, der ihn zum Gericht fahren sollte, trat Harman 1992 in die Eier, weil er ihn für einen Pressefotografen gehalten hatte. Seitdem hieß er „Kicking Judge". Sein Chef, Lordrichter Denning, verteidigte ihn nach dem Tritt: „Wir brauchen Richter mit einer ausgeprägten Persönlichkeit." So wie Denning selbst: Kurz bevor die Birmingham Six, die 17 Jahre unschuldig im Gefängnis gesessen hatten, freigelassen wurden, sagte der Lord der Hutmacher: „Wir hätten sie damals aufhängen sollen, dann gäbe es jetzt keine Kampagne für ihre Freilassung."

Die Bürgermeisterin und der nationalistische Whiskey

Während die Angsthasen in Nordirland bangen, ob der Friedensprozeß den Bach hinunter geht, gibt es wenigstens ein paar Menschen, die sich um die wahren Probleme in der Krisenprovinz kümmern: Welche Whiskeymarke darf im Rathaus hinter die stadträtliche Binde gekippt werden? Bushmills jedenfalls nicht, so hat die Bürgermeisterin des Städtchens Bangor entschieden. Das Getränk aus der ältesten Brennerei der Welt an der nordirischen Küste ist ihr zu nationalistisch.

Merkwürdig. Voriges Jahr ist der edle Tropfen aus genau dem umgekehrten Grund aus dem Rathaus von San Francisco verbannt worden. Bürgermeister Willie Brown entsorgte den Whiskey höchstpersönlich: Er kippte Unmengen Bushmills auf der Hauptstraße demonstrativ in den Gully, weil bei der Brennerei zu wenig katholische Nationalisten beschäftigt waren. Der im kalifornischen Exil lebende Belfaster Schriftsteller John „Sean" McGuffin hatte jedoch rechtzeitig Wind von der Aktion bekommen, sich umgehend in einen Abwasserkanal gezwängt und war bis zum bürgermeisterlichen Gully vorgerobbt. Dann harrte er offenen Mundes der Dinge, die da kommen sollten. Es sei sein bester Rausch des Jahres gewesen, und noch dazu kostenlos, frohlockte er später.

Inzwischen hat die Bushmills-Brennerei eine ganze Menge Katholiken eingestellt – und nicht nur das: Sie sponsert obendrein die Fußballmannschaft der Grafschaft Antrim. Allerdings handelt es sich dabei um Gälischen Fußball, jene traditionelle irische Sportart, die mit der englischen Variante nur oberflächliche Gemeinsamkeiten hat. Deshalb hat Ruby Cooling, Bürgermeisterin von Bangor in der Nachbargrafschaft Down, das braune Getränk aus Bushmills nun aus dem Ratskeller verbannt. Künftig müssen die Stadtverordneten unverdächtige Ami-Maische trinken.

Cooling gehört Pfarrer Ian Paisleys Demokrati-

scher Unionistischer Partei an. Deren Mitglieder sind fast alle Temperenzler, weil Paisleys Kirchenabsplitterung, die Freien Presbyterianer, den meisten Freuden des Lebens abgeneigt sind. Als vor Jahren die nordirischen Kneipen endlich auch am Tag des Herrn öffnen durften, stand Paisley Sonntag für Sonntag mit einem Transparent vor einem Pub und prophezeite den teuflischen Trinkern Höllenqualen. Und er meinte nicht den Kater am nächsten Morgen.

Ruby Cooling gehört aber nicht Paisleys Kirche, sondern nur seiner Partei an und zwitschert ganz gerne mal einen, so weiß man im Rathaus. Sie habe

weder etwas gegen Bushmills noch gegen den Gälischen Sportverband, sagte Cooling, aber es sei
eine Beleidigung, daß Mitglieder der nordirischen
Sicherheitskräfte vom Verband ausgeschlossen sei-
en. Das Verbot hat historische Gründe: Bereits im
vorigen Jahrhundert hatte der englische Geheim-
dienst seine Agenten auf den Verband angesetzt.

Der Wahnsinn ist bei den Bürgermeisterinnen
von Bangor offenbar amtsbedingt. Coolings Vorgängerin Irene Cree geißelte voriges Jahr die BBC,
weil sie den südirischen Schmalzsänger Daniel
O'Donnell zu einer Live-Übertragung nach Bangor eingeladen hatte. Cree ging es nicht um musi-
kalische Qualität, sondern sie meinte, ihr Wahlkreis
habe selber viele Sänger – da müsse kein Ausländer her. Also, Rolling Stones und Oasis: Vergeßt
Bangor! Die haben da ihre eigenen Rockbands. Aber
keinen Whiskey.

Ein Streik ist höhere Gewalt

Mit dem Flugzeug gelangt man schnell ans Ziel –
oder auch nicht. Es kommt mitunter auf die Fluglinie an. Alexis war mit ihrer Freundin nach Glasgow geflogen, um ihren Geburtstag zu feiern. Da die
staatliche irische Fluglinie Aer Lingus auch im Win-
ter die Maschinen gerne voll hat, gibt es jedes Jahr

verschiedene Sonderaktionen. Wer zum Beispiel in einem bestimmten Supermarkt wochenlang Großeinkäufe tätigt, bekommt dafür Rabattmarken. Hat man fünfzig Stück zusammen, können zwei Leute zum halben Preis fliegen. So weit, so gut.

Doch die meisten Passagiere wollen irgendwann wieder nach Hause. Bei Alexis scheiterte das daran, daß Aer Lingus vorübergehend dichtmachte. Schuld hatte die Konkurrenz von Ryanair. Das ist eine Billigfluglinie, bei der die Gewerkschaften nichts zu melden haben. Weil die 30 Gepäckabfertiger das ändern wollten, begannen sie einen Streik. Die Aer-Lingus-Mitarbeiter, allesamt gewerkschaftlich organisiert, gehen prinzipiell nicht an einem Streikposten vorbei. So war die Fluglinie lahmgelegt.

Alexis und ihre Freundin, beide arbeitslos, hatten ihre Urlaubskasse bis auf den letzten Penny aufgebraucht. Der Rückflug sollte erst drei Tage später gehen. Ob sie wenigstens einen Kaffee haben könnten, während sie überlegten, was zu tun sei? „Wir sind doch kein Wohlfahrtsunternehmen", knurrte die Aer-Lingus-Angestellte, die offenbar gefehlt hatte, als Kundenbetreuung in der Ausbildung dran war. Den Flugpreis bekamen die beiden auch nicht erstattet: Ein Streik ist höhere Gewalt.

Alexis fand heraus, daß Ryanair von Prestwick nach Dublin flog und noch Plätze frei hatte. Da die Ryanair-Leute nicht in der Gewerkschaft sind, hatten sie keine Skrupel, an ihren eigenen Streikposten vorbeizumarschieren: Die Fluglinie, die den

Streik verursacht hatte, operierte normal und
machte ein Riesengeschäft mit der gestrandeten
Aer-Lingus-Kundschaft.

Die Schwarzfahrt nach Prestwick klappte tadellos, aber dann wollte Ryanair die Tickets nicht her-
ausrücken, weil Alexis' Kreditkarte heftig über-
dehnt war. Erst als ihre Mutter telefonisch für sie
bürgte, durften Alexis und ihre Freundin ins Flugzeug. Die Maschine war schon fast in Dublin gelandet, als der Pilot durchstartete und Richtung
Cork abdrehte. Das ist zwar nicht ganz so weit von
Dublin weg wie Glasgow, aber ohne Geld kommt
man auch dort nicht weit. Auf halber Strecke über-
legte es sich der Pilot aber nochmal und flog zurück
nach Dublin.

Im Flughafen herrschte heilloses Chaos. 20.000 Menschen warteten auf ihren Abflug. Diejenigen, die mit Ryanair gelandet waren, kamen vom Flughafen nicht weg, weil es weder Busse noch Taxis gab. Vorsichtshalber ließ das Flughafenpersonal alle im Unklaren, Durchsagen gab es nicht. Die Schalter waren verwaist, doch davor hatten sich lange Schlangen gebildet: Die Leute hatten die Aer-Lingus-Telefone gekapert und riefen kostenlos den Onkel in Amerika oder die Nichte in Australien an. Im Ticket Office hatte jemand ein paar Kästen Limonade entdeckt, die jetzt verteilt wurden. Dann kam doch noch eine Ansage von Aer Lingus: Die Leute sollten ihren zollfreien Schnaps unverzüglich zurückgeben, da sie ja nun nicht abfliegen könnten. Das höhnische Gelächter soll man bis Cork gehört haben.

Pfoten weg von Maria!

Bei einem Quiz, das außer zum Trinken auch für einen anderen guten Zweck in einem Dubliner Gewerkschaftsclub veranstaltet wurde, lautete eine Frage: „Wie oft schlägt die Angelus-Glocke?" Kaum ein Quizteam kannte die richtige Antwort, nämlich 18 Mal. Manche wußten nicht einmal, was die Angelus-Glocke ist. Dabei schlägt sie seit mehr als

40 Jahren jeden Tag um zwölf Uhr mittags und sechs Uhr abends im irischen Radio und Fernsehen. Für 75 Sekunden herrscht dann Stillstand auf allen Kanälen. Es gibt nichts und niemanden, der öfter im Äther zu hören wäre.

Die Glocke ist die Begleitmusik für den Angelus, ein katholisches Gebet zur Jungfrau Maria, von der im Fernsehen ein Bild eingeblendet wird. Mal ist sie darauf schwarz, mal indianisch, manchmal auch asiatisch oder südamerikanisch. Damit will man den Zuschauern wohl vorgaukeln, daß der Marienglaube universal ist und selbst ehemalige Heidenvölker zum Marienglauben bekehrt worden sind.

In Irland gehörte die Angelus-Glocke bisher zum Alltag: Sie war eben schon immer da, genauso wie Guinness und Regenwetter. Niemand hatte sich daran gestört, bis vorige Woche der Herausgeber der Zeitschrift *Six*, Gary Byrnes, das Glockengeläut als „eine sektiererische religiöse Zeremonie" verunglimpfte. Die katholische Kirche schlug zurück und beurteilte Byrnes' Zeitschrift als „umgehend dem Vergessen anheimzugeben".

Der protestantische Primat von Irland, Erzbischof Robin Eames, schlug sich auf Byrnes' Seite: Der Angelus müsse verändert werden, so daß er alle Menschen einschließe. Bloß wie? Soll man ein von einem Katholiken zu atheistischen Versen komponiertes Lied spielen, das von einem protestantisch-hinduistischen Knabenchor mit moslemischer Dirigentin auf hebräisch vorgetragen wird?

Lieber wäre es dem irischen Staatsfunk RTE, wenn man die Angelus-Glocke in klingende Münze umwandeln und Werbung senden könnte. Das traut man sich aber nicht, denn die Kontroverse hat inzwischen weite Kreise gezogen. „Pfoten weg von Maria", so war der Haupttenor. Im nordirischen Radio, wo man das Thema ebenfalls aufgegriffen hatte, gab es erwartungsgemäß zwei Fraktionen: Die einen wollten unbedingt an der 75-Sekunden-Gebetglocke festhalten, die anderen wollten sie durch eine Lambeg Drum, die loyalistische Kriegstrommel, ersetzen.

Auf der Nachbarinsel hält man die Angelus-Glocke offenbar für eine Art Kuckucksuhr. Ein schlauer *Guardian*-Leserbriefschreiber meinte wieder mal einen Beweis für die Blödheit der Iren entdeckt zu haben. Man müsse sich einmal vorstellen, so höhnte er, daß die Iren nicht mal bis zwölf zählen können: Bei einer Dublinreise habe er um zwölf Uhr sein Radio eingeschaltet, und die Glocke schlug 18 Mal! Am nächsten Tag wurde er von einem zweiten Leserbriefschreiber, einem ausgewanderten Iren, wegen seiner Ignoranz gerüffelt. Andererseits: Als ich einmal bis Programmschluß vor der Kiste gesessen hatte, verkündete die RTE-Ansagerin: „Noch ein letzter Blick auf die Uhr: Es ist zehn Minuten nach Mitternacht." Die eingeblendete Uhr zeigte halb vier.

Vier Schleudertraumata
und ein Knöchelbruch

Zuerst war es die Armee, inzwischen ist ein irischer Nationalsport daraus geworden: Schadensersatzklagen. Von den 12.000 Soldaten haben 11.000 geklagt, weil ihr Gehör bei Schießübungen gelitten habe. Hinzu kommen Klagen von rund 50.000 Ex-Soldaten. Manche von ihnen haben sich beim Einsatz für die Vereinten Nationen im Libanon einen Sonnenbrand oder beim privaten Grillabend eine Lebensmittelvergiftung geholt. Die Kosten für den Staat werden sich auf knapp vier Milliarden Mark belaufen. Und auch die uniformierten Musikanten wollen ein Stück vom Entschädigungskuchen: Bis jetzt sind 14 Mitglieder der Armeekapelle vor Gericht gezogen, weil sie es wegen der lauten Blasmusik an den Ohren haben.

Was den Bürgern in Uniform recht ist, ist den Zivilisten billig. Das funktioniert allerdings nicht immer. Der 37jährige William Joy wollte eine Million Pfund von einem Kneipenbesitzer, weil er im Pub vom Barhocker gefallen war und sich verletzt hatte. Vor Gericht kam heraus, daß Joy bereits 13 Wodka und mehr als zwei Liter Bier intus hatte, als er den Pub betrat. Da es aber keine Anzeichen gegeben hätte, daß er gleich ins Koma fallen würde, habe der Wirt nicht verantwortungslos gehandelt, als er Joy ein Bier servierte, urteilte der Richter und wies die Klage ab.

Die 33jährige Donna Keating hatte ebenfalls kein Glück. Sie war nach einer Zechtour angeblich in ein Schlagloch gefallen und hatte sich den Knöchel verletzt. Der Richter wunderte sich, daß sie erst anderthalb Stunden nach dem Unfall einen Krankenwagen gerufen hatte. Ob sie so lange in dem Loch gelegen habe? Außerdem scheine sie ein furchtbarer Unglücksrabe zu sein, denn ihr pflege so etwas ständig zu widerfahren, wie die Gerichtsakten belegten. Möglicherweise ist Pech ansteckend: Sämtliche Mitglieder ihrer Familie sind irgendwann einmal in ein Schlagloch gefallen und haben geklagt. Und von den 13 Spielern eines Fußballteams, das Keating betreut, sind zehn verunglückt und vor Gericht gezogen.

Da klang die Geschichte der ehemaligen Justizministerin schon glaubwürdiger. Vielleicht war ja

auch das Schlagloch größer, in das Maire Geo-
ghegan-Quinn auf dem Nachhauseweg vom Weih-
nachtsfest ihrer Partei gestürzt war. Wer die Weih-
nachtsfeiern der Soldaten des Schicksals – so heißt
die Partei Fianna Fáil auf deutsch – kennt, wird
nicht sonderlich überrascht sein. Die Stadtverwaltung mußte jedenfalls blechen. Nun hat ein
landesweites Wettrennen eingesetzt zwischen den
Verwaltungen, die die Schlaglöcher zu füllen versuchen, und Menschen mit Kameras, die vorher
noch ein Foto als Beweismittel für das Gericht
schießen wollen.

In Cork hat man eine neue Variante erfunden,
die sich in vielen Fällen bewährt hat: Vier Leute
nehmen sich ein Taxi, während ein Freund an der
nächsten Ecke in seinem Privatwagen lauert. Er
fährt genau in dem Augenblick los, in dem die
Droschke vorbeikommt, so daß der Taxifahrer
scharf bremsen muß: vier Schleudertraumata.

Was Charlie Parker für den Jazz war, so schrieb
die Journalistin Anne-Marie Hourihane, seien die
Iren für das Justizsystem: Sie improvisierten solange, bis etwas völlig Neues und Wunderbares
entstehe.

Die blaue Grippe
und die kleinen Polizisten

Eine merkwürdige Krankheit geht um in Irland: die blaue Grippe. Sie befällt lediglich die blau uniformierten Polizeibeamten niederer Ränge. Dort wütet sie aber gründlich – vier Fünftel aller Polizisten, mehr als 6.700 Leute, meldeten sich am Freitag krank. Genauso plötzlich, wie die Grippe ausgebrochen war, verschwand sie auch. Am Samstag waren alle wieder gesund.

Finanzminister Charlie McCreevy bezeichnete die kranken Beamten als Lügner, die der Regierung eine Lohnerhöhung abpressen wollen. Weil Polizisten keiner Gewerkschaft, sondern nur einem Interessenverband angehören dürfen, können sie nicht streiken – jedenfalls nicht offiziell. Der Polizeiverband hatte sich bei der letzten Lohnrunde über den Tisch ziehen lassen, als man sich mit Verbesserungen bei der Rente abspeisen ließ und dafür auf Lohnerhöhungen verzichtete. Viele jüngere Beamte traten daraufhin aus dem Verband aus. Dessen Bosse hatten solche Furcht vor ihren ehemaligen Mitgliedern, daß sie für ihren Kongreß eine private Sicherheitsfirma anheuerten.

Für Verkehrssünder und Kleinkriminelle war Freitag ein Feiertag: Sie wurden allesamt freigesprochen, weil kein einziger Polizist vor Gericht erschienen war, um gegen sie auszusagen. Wie sei es um die Glaubwürdigkeit der Simulanten bestellt, fragte McCreevy, wenn sie künftig als Zeugen auf die Bibel schwören müssen?

Damit es nicht so auffiel, daß Irland praktisch an der Schwelle zur Anarchie stand, schickte der Polizeichef die höheren Ränge gemeinsam mit rund tausend Lehrlingen auf die Straße und hängte ihnen leuchtend gelbe Lätzchen um. So waren sie nicht nur weithin sichtbar, sondern die Lätzchen verdeckten auch die charakteristischen Jacketts der Polizeilehrlinge. Alle beteten gemeinsam, daß Irlands Unterwelt den Bluff nicht durchschauen würde, denn der Nachwuchs hatte bisher lediglich gelernt, wie man gegen Parksünder vorgeht. Das machten die kleinen Polizisten aber gründlich: Noch nie wurden so viele Strafzettel an einem Tag verteilt.

Die Armee übernahm die Notrufzentrale. Ein weiterer überraschender Schachzug – schließlich haben fast alle der 12.000 Soldaten die Armee auf Schadensersatz verklagt, weil sie sich bei den Schießübungen ihr Gehör beschädigt haben. So kam es am Freitag zu manchem Mißverständnis. Ein paar Kinder, die einer Frau die Geldbörse geklaut hatten, waren völlig verblüfft, als sie plötzlich von einem Dutzend uniformierter Polizisten, ebensovielen Zivilbeamten und einem schwerbewaffneten Sondereinsatzkommando in mehreren Streifenwagen umzingelt waren. Sie hatten noch nie so viel Polizei auf einem Haufen gesehen. Der Soldat in der Notrufzentrale hatte nicht „purse", also Geldbörse, sondern „Post" verstanden und geglaubt, es handle sich um einen bewaffneten Raubüberfall auf ein Postamt.

Der Polizeiverband hat der Regierung nun ein Ultimatum gesetzt: Falls sie keine Lohnerhöhung bewillige, würde die blaue Grippe erneut zuschlagen – und zwar genau an dem Tag, an dem die Tour de France in Dublin beginnt. Dann müßten sich Jan Ullrich und seine Kollegen durch den Innenstadtverkehr schlängeln, so wie es Tausende einheimischer Radfahrer Tag für Tag tun müssen.

Bankraub auf irisch

In Irland funktioniert Bankraub anders. Während es in den meisten Ländern die Banken sind, die hin und wieder beklaut werden, so haben sie auf der Grünen Insel den Spieß umgedreht: Sie stehlen das Geld von den Kunden – und damit meine ich keineswegs nur die abenteuerlichen Gebühren, die man bereits entrichten muß, wenn man sich in Sichtweite der Bank begibt. Denn die sind legal.

Illegal war dagegen die kreative Kontoführung der National Irish Bank (NIB). Die Filialen veranstalteten am Ende jedes Vierteljahres, wenn die Kontoauszüge fällig waren, eine Verlosung, um die Opfer auszuwählen. Bei deren Auszügen erhöhte man

heimlich die Zinsen für den Überziehungskredit. Weil der Computer aber eine ehrliche Haut ist und bei einer solchen Sauerei nicht mitspielt, mußte der Bankdirektor für die Sonderzinsen einen Auszahlungsbeleg im Namen des Kunden ausfüllen, um den Rechner zu überlisten.

Jetzt stimmte zwar der elektronische Kontostand, aber auch der gutgläubigste Kunde würde stutzig, wenn er auf seinem Auszug eine unbekannte Abhebung entdeckte. Deshalb vernichtete die Bank die Computerauszüge und tippte neue, bei denen das angeblich ausgezahlte Geld zu den Zinskosten hinzuaddiert war. Gerade bei Leuten mit einem Dispositionskredit, bei dem es ohnehin fast unmöglich ist, die korrekten Zinsen auszurechnen, funktionierte der Raubzug vorzüglich.

Dabei steckten sich die Bankräuber das Geld nicht mal in die eigene Tasche, sondern lieferten es beim Boß ab – der NIB-Hauptgeschäftsstelle. Die setzte ihre 51 Filialleiter nämlich unter Druck, damit sie noch mehr Geld heranschafften. Regelmäßig veröffentlichten sie die Tabelle der Top-Diebe, die besten bekamen eine Prämie. Bei einer solchen Praxis gibt es natürlich auch Verlierer, und einer von ihnen hat ausgepackt.

NIB sei kein Einzelfall, meint Peter Tuite. Er hat die Firma Audit Ireland gegründet, die den Kunden dabei hilft, den Banken auf die Schliche zu kommen. Es war ein langgehegter Racheplan: In den sechziger Jahren weigerte sich eine Bank, ihm ein Konto zu eröffnen. Später arbeitete er selbst in einem Geldinstitut, um die Tricks der Räuber im dunklen Anzug zu lernen. Nach seiner Pensionierung wechselte er die Seite. Er schätzt, daß 80 Prozent aller Firmen rund 20 Prozent zuviel Zinsen zahlen. Dabei geht es um hübsche Sümmchen, manchmal um 100.000 Mark im Jahr. Ein befreundeter Bankdirektor, seit ein paar Jahren auf Rente, erzählte mir, daß seine Tochter einen Kredit für ein Haus beantragt hatte. Er rechnete das Bankangebot nach und stellte fest, daß man ihr über die Kreditlaufzeit von 20 Jahren rund 75.000 Mark zuviel abknöpfen wollte. Wenn die Banken es schon bei ihren eigenen Leuten probieren, welche Chance hat ein Amateurgeldborger?

Kurz bevor das irische Fernsehen die Geschichte über die kriminellen Machenschaften der Bank ausstrahlen wollte, meldete sich Philip Halpin vom NIB-Vorstand bei der Fernsehanstalt und verlangte eine Entschuldigung: Die Reporter hätten unberechtigt seine Bank gefilmt. Das ist etwa so, als wenn ein zum Tode Verurteilter sich beschwert, daß seine Henkersmahlzeit versalzen war.

Tony im Wunderland

Er ist eben ein echter Volkspremier. Tony Blair, ein Mensch wie du und ich, ißt gerne mal in einem ganz normalen Restaurant. Wie bekommen bloß die Fotografen immer Wind davon und tauchen rechtzeitig auf, um Bilder vom grinsenden Regierungschef, umringt von zufälligen Mitessern und glücklichen Wirten, zu schießen?

In Wirklichkeit sind die Blairschen Speisungen der Alptraum jedes Restaurant-Besitzers. Einer hat im *Independent* ausgepackt. Andrew und Alison Brownlee betreiben ein Café in Altrincham in der Grafschaft Cheshire – Blairs Lieblingsgrafschaft, kommt bei „Alice im Wunderland" doch eine „Cheshire Cat" – zu deutsch: Grinzing-Katze – vor, die

stets irre grinst. Eines Tages tauchten die Vorboten
des Grinzing-Katers aus der Downing Street auf,
um das Etablissement auf seine PR-Tauglichkeit zu
prüfen. Voraussetzung war, daß die Brownlees ihr
Café während der bedeutsamen Teestunde dicht-
machten. Das Risiko, einem aus dem Volk zu be-
gegnen, der noch nicht zu New Labour konvertiert
war, wollte man nicht eingehen. Die Brownlees
mußten auf das Labour-Wahlmanifest schwören,
daß sie den Grund für die vorübergehende Schlie-
ßung keiner Menschenseele verraten würden, sonst
würde das Schau-Essen platzen und der Premierminister nebst Gattin seine Mahlzeit bei der Konkurrenz einnehmen.

Dann nahte der für Altrincham so bedeutende
Moment. Zwei Stunden zuvor kam erstmal eine

Meute von Labour-Mitarbeitern und richtete das Lokal neu ein. Tische, Stühle und Wanddekorationen wurden hin- und hergerückt, bis der premierministerliche Eßvorbereitungsstab mit dem Arrangement zufrieden war. Und wieder kam einem das Märchen in den Sinn, das so viel Ähnlichkeiten mit New Labour hat: „Es war wie bei Alice im Wunderland", erzählte Andrew Brownlee, „als die Soldaten die Rosen im Palast rot angestrichen haben, bevor die Königin eintraf."

Plötzlich war der Schlüssel für das Büro unter der Treppe weg. Die Sicherheitsbeamten witterten ein Waffenlager oder einen Tory-Wähler hinter der Holztür und brachen sie auf. Die Brownlees hatten den ganzen Vormittag damit verbracht, die Bude auf Hochglanz zu bringen. Alles, was herumlag, hatten sie kurzerhand ins Büro unter der Treppe geworfen. Das steuerte Blair, als er endlich eingetroffen war, zielsicher an, um sich für die Fotografen schminken zu lassen. Nachdem er sich aus dem Chaos wieder befreit hatte, bestellte er eine Tasse Tee. Ein Dutzend New-Labour-Funktionäre schwärmten aus: Einer half Brownlee beim Wasserkochen, der nächste kontrollierte den Teebeutel, und die anderen zehn wiederholten die Bestellung, damit Brownlee nicht etwa versehentlich Hühnersuppe servierte. Doch der hatte verstanden: „Elf Tassen Tee also?" Nein, riefen sie im Chor: Nur eine einzige Tasse für den Premierminister. Man war ja nicht zum Vergnügen da.

Am nächsten Tag waren die Fotos auf den Titelseiten: Die Blairs beim Essen in einem kleinen Familienrestaurant. Wie volksnah! Nur ein paar Stammkunden hatten das nicht mitbekommen. Als Brownlee erzählte, daß sie den historischen Besuch des normalsten Premierministers aller Zeiten um Haaresbreite verpaßt hatten, sagten sie höhnisch: „Macht nichts, wir gehen zu McDonalds, da verspeist die Queen in einer halben Stunde öffentlich drei Cheeseburger mit Pfefferminzsauce."

Prähistorische Pfundnoten und queensköpfiges Micky-Maus-Geld

Es wurde dann ein recht trockener Abend. Die Verkäuferin in dem Schnapsladen im schottischen Stonehaven entwand mir die sichergeglaubte Flasche Wein und stellte sie ins Regal zurück. Sie gab mir meinen Zehn-Pfund-Schein der Bank of Ireland zurück und meinte herablassend: „Wir nehmen kein irisches Geld." Es sei gutes britisches Sterling, das ich vor der Reise extra in einer Dubliner Bank eingetauscht hatte, beteuerte ich. In Nordirland gibt jede Bank, auch die Bank of Ireland, ihr eigenes Geld heraus, das haargenau soviel wert ist wie die englischen Scheine mit dem Kopf der Königin darauf. Ungerührt zeigte sie auf die Adresse auf meinem Geldschein: „Belfast –

das liegt doch wohl in Irland, oder?" Das war zwar geographisch korrekt, aber im Interesse eines feuchtfröhlichen Abends mußte ich unionistisch argumentieren. Es nützte nichts, sie hatte im Geschichtsunterricht gefehlt.

Um eine Wiederholung des Debakels zu vermeiden, ging ich am nächsten Tag mit meinem nordirischen Geld zur Bank. Darunter waren Scheine der Ulster Bank. Die irische Provinz Ulster umfaßt neun Grafschaften, sechs davon bilden Nordirland – und genau daher stammte mein Geld. Die Bankangestellte mißtraute mir: „Ulster", rief sie ihrem Kollegen am Nachbarschalter zu, „ist das irisch-irisch oder britisch-irisch?"

Dabei müßten die Schotten eigentlich mehr Verständnis für ungewöhnliche Banknoten aufbringen, haben sie doch ebenfalls ihre eigenen schottischen Scheine, mit denen sie in England nicht weit kommen. So gibt es in Schottland noch Pfundnoten, die im Rest des Vereinigten Königreichs seit Jahren durch Münzen ersetzt sind. Als ich neulich im Flughafen Heathrow eine Flasche zollfreien irischen Whiskeys mit einem Bündel schottischer Pfundnoten bezahlen wollte, schaute die Bedienung wie ein Hund, dem man soeben einen Kartentrick vorgeführt hatte. „Die sind seit zehn Jahren ungültig", erklärte sie mitleidig. Vermutlich dachte sie, einer ihrer Landsleute habe einen gutgläubigen Ausländer übers Ohr gehauen und ihm prähistorisches Wechselgeld angedreht. Genausogut hätte ich versuchen können, mit Glasperlen zu bezahlen. Kein

Wunder, daß die britische Regierung der Europäischen Währungsunion vorerst fernbleibt, hat sie ja noch nicht mal im eigenen Land eine Währungsunion hinbekommen.

Nur im indischen Restaurant von Edinburgh gab es keine Probleme mit dem nordirischen Geld, denn der Kellner war selbst ein gebranntes Kind. „Ich wollte voriges Jahr in Nordirland mit schottischem Geld bezahlen", sagte er. „Da wurden mir überall zehn Prozent Bearbeitungsgebühren abgezogen. In Dublin haben sie es angenommen, ohne mit der Wimper zu zucken." Kein Wunder, ist Sterling doch 15 Prozent mehr wert als das irische Pfund. Das war nicht immer so: Vor ein paar Jahren lag die irische Währung für kurze Zeit um einen Penny über der britischen. Auf diesen Moment hatte der Taxifahrer, der eine Belfaster Freundin vom Bahnhof zu uns brachte, offenbar lange gewartet. „Tut mir leid", log er, als sie ihm einen queensköpfigen Schein reichte, „aber ich kann dieses Micky-Maus-Geld nicht annehmen."

Das wahnsinnige tobende
Monster im Rathaus

Endlich ziehen Würde und Ernsthaftigkeit, die der ewig grinsende Premierminister Tony Blair bislang so schmerzlich vermissen ließ, in die britische Politik ein: Ashburton, ein Städtchen in Devon, hat ein wahnsinniges tobendes Monster zum Bürgermeister gewählt. Der 55jährige Alan Hope von der Monster Raving Loony Party war früher Rockmusiker, ebenso wie sein Parteichef Screaming Lord Sutch.

Der brüllende Adelige nannte seine Organisation ursprünglich Teenager-Partei, doch das ist lange her. Lord David Sutch ist schon weit über 50. Ein Tory bezeichnete ihn mal als „raving loony", als rasenden Irren, und das gefiel dem Lord so gut, daß er seine Partei auf der Stelle umbenannte. Bei den Wahlen nützte ihm das freilich nichts, was möglicherweise aber am ungewöhnlichen Parteiprogramm lag. 1992 versprach man im Wahlkampf bleifreie Bleistifte für die Polizei und die Streichung der schlimmsten Wintermonate Januar und Februar. Sutch hoffte auf einen Ministerposten für ein wahnsinniges Monster, falls seine Partei nach den Wahlen das Zünglein an der Waage gewesen wäre. War sie aber nicht.

Einen ihrer größten Erfolge errangen die Loonies bei der Nachwahl in Newbury im Mai 1993, als die Popularität der Tories auf dem Nullpunkt war. Der schreiende Lord ließ den Konkurrenten der Grünen Partei weit hinter sich, was bei den Umweltschützern noch heute tiefe Depressionen verursacht, und erhielt nur 700 Stimmen weniger als der Labour-Kandidat. Der kam allerdings – und das wird in den Monsterparteiannalen gerne verschwiegen – nur auf zwei Prozent der Stimmen, der Sitz fiel an die Liberalen.

Der Bürgermeisterposten in Ashburton ist der vorläufige Höhepunkt in der Parteigeschichte. Der Priester und die Frau des Bestattungsunternehmers hatten Hope nominiert. Wie hat er das bloß gedreht? Er besitzt eine Kneipe, vielleicht hat er ja etwas in die Getränke getan. Es ist jedenfalls das erste Mal, das ein Loony-Mitglied in ein Amt gewählt wurde, und Hopes erste Amtshandlung war die feierliche Eröffnung eines Pfadfinderinnentreffens. Seine zweite Amtshandlung war die Verteilung von Corned Beef an die Armen, was eine andere Monster Raving Loony auch schon mal gemacht hatte: Margaret Thatcher.

Hopes Hauptinteresse liegt jedoch auf anderem Gebiet: „Hundescheiße ist unser großes Thema", sagt er. „Haben Sie bemerkt, daß sich Farbe und Konsistenz verändert haben? Als ich klein war, trocknete das Zeug schnell und wurde zu einem weißen Pulver. Kein Grund zur Sorge, wenn man drauftrat." Er macht die chemischen Verunreinigungen des Hundefutters für die Verschlechterung verantwortlich. Deshalb sollen dem Hundefutter fluoreszierende Stoffe beigemischt werden, damit die Hundehaufen weithin sichtbar leuchten. Gegen die Verschmutzung des Flusses im Ort weiß er auch ein Mittel: „Krokodile müssen ausgesetzt werden, die das ganze Zeug fressen."

Ashburton ist für die Monster Raving Loony Party lediglich ein Probelauf: Screaming Lord Sutch kandidiert für das Bürgermeisteramt in London. Ob die Hauptstadt reif für die Klapsmühlenpartei ist? Bunte Hundehäufchen vor dem Buckingham-Palast und exotische Reptilien in der Themse würden die Anziehungskraft der Swinging City zweifellos erhöhen.

Der geflügelte Kinnträger und der Flügelstürmer

Es hat wieder nicht geklappt. Dabei haben wir uns wirklich alle Mühe gegeben, ehrlich! „Die Engländer haben bei der Fußball-Weltmeisterschaft vor vier Jahren die irische Mannschaft so nett angefeuert", sagte Tess, eine 75jährige Fußballenthusiastin. „Wir sollten uns zusammenreißen und ihnen die Daumen gegen Kolumbien drücken." Dann war sie aber die erste, die loskrähte: „Seht euch diese Burenfressen auf der Tribüne an, wie sie Rule Britannia blöken!" Andere im Dubliner Pub hatten von Anfang an keine Zweifel an ihren Sympathien gelassen. „Ich gehe vorurteilsfrei an Fußballspiele heran", sagte einer. „Mir ist es völlig schnuppe, wer die Engländer schlägt."

Die über Nacht erblondeten Rumänen hatten es bereits getan. Jimmy Hill, der wegen seines endlosen Kinns legendäre BBC-Kommentator, gefiel die kosmetische Veränderung der Rumänen ausgesprochen gut: „Wenn man nach unten auf den Ball guckt und nur einen Augenblick Zeit zum Abspielen hat, ist ein heller Kopf ein guter Blickfang." Ach, Jimmy, du besitzt so etwas jedenfalls nicht – dafür aber eine Fliege mit aufgedrucktem Georgskreuz, der alten englischen Nationalflagge, die links und rechts hinter seinem besonderen Kennzeichen herausragte. Der geflügelte Kinnträger bemerkte über den Flügelstürmer Darren Anderton, den er vor zwei Wochen noch in Grund und Boden verdammt hatte, er sei „durch das Herumsitzen und Zuschauen während seiner Verletzungspause ein besserer Spieler" geworden. Demnach müßte ich absolute Weltklasse sein. Wir schalteten hillbedingt zum irischen Fernsehen um.

Dort erzählte ein irischer Zuschauer, daß er zufällig in Marseille gewesen wäre, als England im ersten Spiel gegen Tunesien antrat. Weil alle Kneipen mit englischen Fans überfüllt waren, fotokopierte er kleine Handzettel mit einer Einladung zum kostenlosen warmen Bier am Strand. Damit rettete er Marseille aber auch nicht. Als nächstes kam Lens, und morgen muß St. Etienne dran glauben. England gegen Argentinien – ein Spiel, das man sehen muß,

ist es für einige doch eine Art Neuauflage des Mal-
winenkrieges. Und dann war da ja auch noch die
„Hand Gottes", mit der Maradona die Engländer
einst aus der Weltmeisterschaft beförderte.

St. Etienne ist in den siebziger Jahren bereits
zweimal Opfer der englischen Fans geworden: Beim
ersten Mal spielte Manchester United im Europa-
cup gegen das heimische Team, und die Schlach-
tenbummler randalierten auf den Rängen. Ein paar
Jahre später kam der FC Liverpool. Diesmal si-
cherten sämtliche verfügbaren Polizisten das Stadion „Geoffroy Guichard". Die englischen Fans
räumten unterdessen die Juweliergeschäfte in der
Innenstadt leer. Morgen steigt die dritte Runde.

Ein Reporter, der das nicht mehr erleben wird,
ist Tommy Gorman vom irischen Fernsehen. Er
sprach vor dem Kolumbien-Spiel mit Roy Hodgson,
einem englischen Vereinstrainer, der davon über-
zeugt war, daß sich England für die nächste Runde qualifizieren würde. „Ja, aber dann trefft ihr auf
Argentinien", meinte Gorman hämisch, „und dann
fällt mit Sicherheit der Vorhang für euch." Das In-
terview wurde auf der Anzeigetafel im Stadion von
Lens übertragen, und 45.000 englische Fans ver-
nahmen es mit Empörung. Von Gorman hat man
seitdem nichts mehr gehört.

Die Brotdose des Sprinters

Englische Gerichtssäle sind immer für Unterhaltung gut. Neulich wurde die Klage des Goldmedaillen-Sprinters Linford Christie vor dem Londoner High Court verhandelt. Der schwarze Läufer hatte einen gewissen John McVicar verklagt, der wegen bewaffneten Raubüberfalls vorübergehend im Gefängnis saß, 1968 aber ausbrechen konnte und der meistgesuchte Mann Großbritanniens war, bis er wieder eigefangen wurde.

Vor zweieinhalb Jahren hatte McVicar einen Artikel für das Satiremagazin *Spiked* geschrieben. Darin behauptete er, daß Christie verdächtig spät in seinem Sprinterleben von einer ungelenken Bohnenstange zum Kraftwerk mutiert sei, was McVicar auf bestimmte Mittelchen zurückführte – mit anderen Worten: Christie sei bis zur Halskrause gedopt gewesen, als er die olympische Goldmedaille gewann. Das ist für die Zeitschrift freilich schwer nachzuweisen. Genauso schwer ist es allerdings für Christie, Schadensersatz aus dem Blatt herauszuholen, denn *Spiked* ist längst pleite. Kein Wunder, zielte man doch mit Pennälerwitzen auf den Erwachsenenmarkt.

Doch zurück zum Prozeß. Richter Popplewell hatte die Verhandlung noch gar nicht offiziell eröffnet, als Christie beim Anblick der Presse die Nerven verlor. Er schrie den verblüfften Richter an: „Die Reporter reden über Linford Christies Lunchbox. Ich mag das nicht, es ist ein Vorurteil. Aber je mehr man ihnen erklärt, daß man das nicht mag, desto öfter drucken sie es." Richter Popplewell vermutete, er sei im falschen Gerichtssaal, und begann, hastig in seinen Unterlagen zu wühlen. Schließlich fragte er Christie, was es denn mit dieser Brotdose, englisch Lunchbox, auf sich habe? „Sie meinen damit meine Genitalien, Euer Ehren", jammerte der Sprinter. „Ich finde das widerlich." McVicar unterbrach ihn: „Aber du machst doch Reklame für Bananen, oder?"

Nun waren die Zuschauer nicht mehr zu halten. Im Gerichtssaal ging es zu wie im Komödienstadel, der 70jährige Richter bereute längst, daß er nicht rechtzeitig in Pension gegangen war. Linford Christie hatte an dem Thema dagegen Gefallen gefunden und setzte zum Endspurt an. Er hüpfte auf und ab, wetterte gegen sexuelle Diskriminierung im Allgemeinen und brüllte: „Niemand spricht von den Titten der Hürdenläuferin Sally Gunnell, Euer Ehren, oder von ähnlichen Dingen. Nur ich werde diskriminiert. Das ist widerlich! Wi-der-lich!"

Christie enthüllte, daß er mit lukrativen Angeboten für Werbeverträge überhäuft werde: „Aber die Firmen wollen immer nur das eine: Sie wollen Brotdosen herstellen und sie ‚Linford Christies Lunchbox' nennen." Er habe aber stets abgelehnt, doch es nütze alles nichts: „Die Leute fragen mich ständig, wie groß mein Schwanz sei, und ich antworte: Sähe deine Freundin die Größe, würde sie dich verlassen." Dabei streckte er die Arme aus, so weit er konnte. Nun war endlich auch der Richter im Bilde, und er hatte die Hoffnung auf einen ordnungsgemäßen Prozeß noch nicht gänzlich fahren lassen. Ob man denn endlich zum eigentlichen Verleumdungsfall kommen könne? Sei Christie bereit, eine Urinprobe abzuliefern, damit man der Sache auf den Grund gehen könne? „Jederzeit", antwortete der Sprinter, „aber nur, wenn ich mich nicht ausziehen muß und ein Fremder meine Lunchbox anstarrt."

Die Haustürmafia
und die Bückboten

Ab zehn Uhr morgens werde ich unruhig. Gleich kommt der Briefträger, und ich muß vor ihm an der Tür sein, damit er sich nicht bücken muß. Unser Briefschlitz ist nämlich tief unten in der Tür angebracht, und die Postgewerkschaft hat gedroht, solche Häuser künftig nicht mehr zu beliefern. Ich habe erwogen, einen neuen Briefschlitz in Brusthöhe in die Glastür zu montieren, aber meine Lehrerin hatte mir vor 30 Jahren verboten, jemals wieder einen Glasschneider – oder sonst irgendein Werkzeug – anzurühren, nachdem ich im Werkunterricht versehentlich drei große Glasscheiben und meine Hand ruiniert hatte.

Die Diskussion um niedrige Briefschlitze ist durch ein Gerichtsurteil neu entfacht worden. Der Postbote Ian Barclay hat umgerechnet mehr als 100.000 Mark Schadensersatz zugesprochen bekommen, weil er sich aufgrund der ständigen Bückerei den Rücken verletzt hatte. Seine Gesundheitsprobleme begannen im Juni 1993, als er bei einem Niedrigbriefkastenschlitzhaus im Dubliner Stadtteil Terenure nicht mehr auf die Beine kam, zumal er noch den 35 Pfund schweren Postbeutel umgeschnallt hatte. Er kroch zum Postamt zurück und meldete sich krank. Vier Monate später war er wieder arbeitsfähig, doch der Amtsvorsteher teilte ihn ausgerechnet für eine Neubausiedlung in

Mount Argus ein – 350 Häuser, alle mit Briefschlitzen in Knöchelhöhe. Das gab dem Postboten den Rest, er mußte operiert werden.

Dabei ist das Thema keineswegs neu: Die Postgewerkschaft hatte bereits vor langer Zeit beantragt, eine Durchschnittshöhe gesetzlich festzulegen, die auf die Durchschnittsgröße der Postboten abzustimmen sei, aber die Lobby der Türfabrikanten hatte sich dagegen gewehrt. Es sei billiger, die Schlitze knapp über dem Boden anzubringen, weil man bei Holztüren sonst eine verstärkte Mittelstrebe einbauen müßte, argumentierte man. Ein Zeuge

erklärte, der irische Haustürmarkt sei heiß um-
kämpft, deshalb käme es auf jeden Penny an, den
man einsparen könne. Und den Schadensersatz für
rückenlahme Postboten muß die Haustürmafia ja
nicht zahlen.

Das Umweltamt, das in Irland auch für die Brief-
einwurfsöffnungen zuständig ist, informierte die
Post 16 Jahre nach der Antragstellung, daß es ein-
zig und allein Sache der Post sei, wie sie die Briefe
an die Kundschaft bringt. Die Richterin, die Barclay
das Schmerzensgeld zugesprochen hatte, rügte das
Umweltamt in ihrer Urteilsbegründung für „die ne-
gative Einstellung" gegenüber den Bückboten und
verwies die Sache an das Gesundheitsamt und das
Institut für Architektur.

Solange der rechtliche Schwebezustand anhält,
muß ich morgens zur Tür rennen. Neulich kam ich
einen Moment zu spät: Der Briefträger hatte die
Post bereits halb durch den Schlitz geschoben, als
ich die Schiebetür aufriß. Weil der kniende Bote
die Briefe noch in der Hand hatte, warf ihn der
Schwung zu Boden. Er lag da wie ein Käfer, sein
Postbeutel war ausgekippt, die Zeitung für den
Nachbarn lag in einer Pfütze. Seitdem schleicht sich
der Postbote an der Wand entlang zur Haustür und
schiebt die Briefe blitzschnell unter die Fußmatte.
Die ist aber noch tiefer als der Briefschlitz. Demnächst bin ich nur noch per e-mail zu erreichen.
Die wird wenigstens in Augenhöhe angeliefert.

Traumhaus mit fließendem Wasser
und Angelmöglichkeit

Irgendwie muß man die Zeitungen ja unter die Leute bringen. Manch englisches Boulevardblatt versucht es mit beigelegten Bingokarten, andere verteilen Rubbellose an die Leserschaft, während die seriöseren Blätter wie *Guardian* und *Independent* wochenlang nummerierte Rabattmarken abdrucken. Hat man alle Nummern beisammen, kann man verbilligte Flugreisen oder Hotelübernachtungen abstauben, falls man „flexibel" ist – wenn einem also Urlaubsziel und Reisezeit völlig schnurz sind.

Die *Daily Mail*, die gewiß nicht zu den seriöseren Blättern zählt, will nun alle übertrumpfen. Die Zeitung verlost ein „Traumhaus am Meer". Die alte Mühle aus dem 16. Jahrhundert steht bei Ilfracombe im Norden der Grafschaft Devon. „Ein glücklicher Leser könnte jeden Morgen vom sanften Geräusch der Wellen geweckt werden", lockt der kleinformatige Schmutzkübel und verspricht einen „atemberaubenden Blick auf das Meer". Atemberaubend ist er allemal, doch mit dem Blick alleine ist es nicht getan: Das Meer kommt des öfteren vorbei und wirft einen Blick ins Haus.

Die Vorbesitzer hatten das Erdgeschoß dem Wasser überlassen und waren in den ersten Stock gezogen, nachdem die Wellen die französischen Fenster eingeschlagen hatten und Stunden später mit den Zimmertüren auf Nimmerwiedersehen ver-

schwunden waren. Immer wenn es stürmisch wurde, und das ist an Englands Südwestküste nicht gerade selten, stand das Meer bis Hüfthöhe im Haus. Die wenigen Möbel, die bis dahin alle feuchten Attacken überstanden hatten, wurden 1996 von Lili, dem Wirbelsturm, zu Kleinholz gemacht. „Ich habe das Meer im Blut", sagte die Besitzerin einem Fernsehreporter damals und fügte hinzu: „Leider habe ich es auch im Wohnzimmer." Ein Wasserbett habe sie sich ganz anders vorgestellt.

Eigentlich wollte die nasse Frau ihr Teilzeitaquarium verkaufen, sie hatte es für umgerechnet 600.000 Mark annonciert. Nachdem über die hauseigene Variante von fließendem Wasser und Angelmöglichkeit aber ausgiebig im Fernsehen berichtet worden war, mußte sie das Cottage vom Markt nehmen: Zwar pilgerten ganze Busladungen von Neugierigen zum berühmten Haus in Nord-Devon, doch niemand dachte im Traum daran, dort einzuziehen. Das Haus war praktisch unverkäuflich.

Aber verlosbar. Die *Daily Mail* erwarb das Gemäuer zum Sonderpreis. Freilich mußten die Zeitungsleute das Badehaus ausreichend tarnen, damit man es nicht gleich erkannte. So warteten sie einen sonnigen Tag ab, schleppten bunte Sommerblumen und Grünpflanzen an, vergruben sie mitsamt den Töpfen im Boden und nagelten Efeu außen an die Mauern. Dann stellten sie ein sehr glücklich aussehendes junges Paar davor, dazu ein fröhliches Kleinkind und einen niedlichen Cocker-Spaniel – fertig war das Foto vom Traumhaus am Meer. Die Nachbarin konnten sie damit nicht hinters Licht führen: „Da würden niemals Blumen wachsen", sagte sie, „das Meer hätte ihnen in Nullkommanix den Garaus gemacht." Wenn es nur hundert Meter höher liegen würde, meinte sie, wäre es möglicherweise bewohnbar.

Der *Daily Mail* ist das egal. „Die alte Mühle steht seit 400 Jahren da oben und hat allen Elementen stets getrotzt", sagte Herausgeber Lawrence Sear. „Selbst der Wirbelsturm von 1996 konnte ihr nichts anhaben." Und was ist schon ein ertrunkener Leser im Vergleich zu Tausenden, die das Blatt in der Hoffnung auf den Hauptgewinn kaufen?

Ein elektrischer Stuhl
für fliegende alte Damen

Es gibt eine Menge nützlicher Erfindungen, die das Leben erleichtern. Ein englischer Sessel mit elektrischer Hebevorrichtung für den Sitz gehört nicht dazu. Eigentlich sollte er älteren Menschen und Behinderten das Aufstehen erleichtern, indem er sie sanft in die Vertikale schiebt. Doch das rabiate Gerät tritt den Benutzern mit solcher Kraft in den Hintern, daß sie wie ein Gummiball durch die Luft fliegen. Die Herstellerfirma, Self Lift Chairs aus Worcestershire, hat sich die Antriebsfedern offenbar aus Nasa-Beständen besorgt.

Wenigstens der Name für den elektrischen Stuhl ist passend: Das Modell heißt Caithness – wie die Grafschaft im Norden Schottlands, bekannt für eine ebenso unfallträchtige Schleuder: Dounreay, die Wiederaufarbeitungsanlage, die ihr Plutonium durch die Gegend wirft.

Das Beratungsbüro für Behinderte warnte die Stuhlbesitzer in einem Rundschreiben davor, eine Stricknadel oder die TV-Fernbedienung aufzuheben, wenn sie heruntergefallen ist, weil der Sessel sonst glaubt, man wolle aufstehen – und umgehend nachhilft. Die Sprungfedern werden nämlich durch Bewegung aktiviert. Im Grunde muß man regungslos im Sessel verharren, wenn man nicht abheben will. Eine gebrechliche alte Dame, die sich am

Rücken kratzen wollte, wurde vom Sitzkatapult geradewegs in den Kamin geschleudert. Durch den Schrecken war zwar der Juckreiz weg, aber die angesengte Frau traut sich seitdem nicht mehr, ein Nickerchen zu machen, weil sie Angst hat, im Nachbarsgarten aufzuwachen.

Die Altenschleuder sieht genauso aus wie ein normaler Sessel. Die Industrie-Aufsichtsbehörde hat das hinterhältige Sitzmöbel untersucht. Tony Allen, der die Tests leitete, schaffte es gar nicht erst, sich hinzusetzen. Er wiegt nur 78 Kilogramm, und von einem solchen Leichtgewicht lassen sich die Sprungfedern nicht bezwingen, die Sitzfläche rastete nicht ein. Es stellte sich heraus, daß man nur dann gefahrlos Platz nehmen kann, wenn man mindestens 112 Kilogramm wiegt. Da muß die alte Lady aber noch viel essen, will sie nicht immer im Kamin landen. Doch auch wenn man das nötige Gewicht auf die Waage bringt, ist Vorsicht geboten. „Wenn du die Arme verschränkst oder eine Arschbacke bewegst, wirst du zum Geschoß", meinte Tony Allen entnervt.

Die Behörde hat den Verkauf des Sessels inzwischen untersagt: Bevor die Herstellerfirma Self Lift Chairs aus Worcestershire das Wurfgerät nicht entschärft, braucht sie erst gar keinen Antrag auf Wiederzulassung zu stellen. Mehrere hundert Stück sind jedoch bereits verkauft worden. Self Lift Chairs erklärte beleidigt, in den 35 Jahren, in denen das Unternehmen bestehe, sei noch nie ein Problem aufgetaucht. Man werde sich dem Urteil der Aufsichtsbehörde beugen, obwohl die Sache mit dem Sessel auf Bedienungsfehler zurückzuführen sei – vorschriftswidriges Rückenkratzen in sitzender Position etwa? Immerhin hat die Firma Briefe mit unmißverständlichen Bedienungsanleitungen an alle Käufer geschickt. Hoffentlich müssen sie dafür nicht ihre Lesebrillen aus der Handtasche neben dem Schleudersitz holen.

Das dreibeinige Ungeheuer und Murphys Gesetz

Der Plan war gut, aber schiefgegangen ist er dennoch – Murphys Gesetz. Und Murphy stammt aus Irland, genau wie Aine. Im Gegensatz zu Aine versuchte Murphy allerdings nie, eine streunende Katze einzufangen, um sie zum Tierarzt zu bringen. Die Mieze hüpfte bereits seit Tagen auf drei Beinen vor dem Haus herum, offenbar war eine Vorderpfote gebrochen. Aine warf ihr eine Weile Kittekotz hin, um sie in Sicherheit zu wiegen. Dann stellte sie das Futter in einen Katzenkäfig, den der Tierarzt für solche Fälle parat hält. Damit nahm das Verhängnis seinen Lauf.

Zunächst kooperierte das scheue Katzentier und kletterte in den Käfig. Aine schlug geschwind die Plastikklappe zu. Doch mit einem Tritt, den man

ihr keinesfalls zugetraut hätte, stieß die ausgemer-
gelte Katze die Tür wieder auf und sprang heraus.
Aine bekam sie gerade noch am Bauch zu fassen –
vermutlich die ungünstigste Stelle, um eine Katze
zu packen, denn nun zückte sie die Krallen ihrer
drei noch verbliebenen Pfoten sowie sämtliche Zäh-
ne und wehrte sich aus Leibeskräften. Aine, im
Schockzustand, vergaß, das Tier loszulassen, bis
es zu spät war. Sie sah aus, als hätte sie einen
Schwarm Piranhas beidhändig gestreichelt.

Die Ärztin, die eine Anti-Tetanus-Spritze verab-
reichte, zog ihren Mann zu Rate, einen Pathologen,
was dem Vertrauensverhältnis zwischen Ärztin und
Patientin nicht eben förderlich war. Gemeinsam
staunte das Medizinerehepaar über den Schaden,
den das dreibeinige Ungeheuer angerichtet hatte.
So etwas hatten sie noch nie gesehen, möglicherweise würde Aine sogar zur Fußnote in der Medi-
zingeschichte. Da müsse ein Antibiotikum her, die
Hände seien voller Kokken, und zwar aller mögli-
chen interessanten Sorten. Am besten solle sie
gleich zwei Antibiotika nehmen, um auf Nummer
Sicher zu gehen.

Vier Tage später war die Hand so dick wie ein
Tennisball. Wenn man Aine auf die Schulter drückte, spritzte der Eiter am Zeigefinger heraus, was für
viele Stunden der Unterhaltung sorgte. Die Antibiotika hatten gründlich versagt. Die Ärztin war
entzückt, witterte sie doch eine exotische Art von
Kokken, die möglicherweise nach ihr benannt würde. Noch entzückter war sie, als sie Aines Scheck-

buch sah. „Sie werden es brauchen", meinte sie, „in der Apotheke."

Jede Tablette kostete umgerechnet zehn Mark – zwei Stück täglich, zwei Wochen lang. Freilich half auch das Luxus-Antibiotikum nichts. Seitdem muß sie täglich ins Krankenhaus, wo ihr der Chefarzt professionell auf die Schulter drückt, um den Eiter spritzen zu sehen. Inzwischen ist das Schauspiel aber fast vorbei, die Bakterien so gut wie beseitigt, jedoch auch die nützlichen körpereigenen, so daß Aine nun von Kopf bis Fuß mit Ausschlag übersät ist. Auch dafür gibt es Tabletten, 45 Mark pro Stück.

Der dreibeinigen Katze geht es gut, neulich hat sie sich wieder blicken lassen und nach Kittekotz gefragt. Die Arztrechnungen und die Kosten für Aines Medizin hätten ausgereicht, um das Untier mit Räucherlachs zu füttern bis an sein Lebensende. Dieser Augenblick ist gar nicht so weit entfernt, wenn es nach mir geht. Für den Fall, daß das teure Tier wieder auftaucht, habe ich ein Katzenantibiotikum zurechtgelegt: Es ist faustgroß, zwei Kilo schwer und wird äußerlich verabreicht.

Wer braucht schon einen Führerschein?

Der Fahrstil war nicht uninteressant. Colm wechselte die Spuren, daß einem Angst und Bange wurde. Blinken? Ach was, das gehe auf die Birnen. „Und schließlich habe ich ein L-Schild am Auto", meinte er, „da müssen die anderen mit so etwas rechnen." Das L-Schild, das vor einem Lehrling am Steuer warnt, hat er freilich schon seit 14 Jahren am Wagen. Colm hat gar keinen Führerschein, er hat in seinem Leben nicht eine einzige Fahrstunde genommen.

Damit ist er in guter Gesellschaft. Fast ein Viertel aller irischen AutofahrerInnen fährt mit einer provisorischen Fahrerlaubnis. Die kann man beantragen, wenn man 17 ist, selbst wenn man nicht mal über rudimentäre Kenntnisse der Verkehrsregeln verfügt. Der Schein ist zwei Jahre gültig, dann muß man einen neuen beantragen. Theoretisch darf man nur in Begleitung eines Führerscheinbesitzers fahren, doch das gilt nur für die erste, dritte und alle weiteren provisorischen Fahrerlaubnisse. Bei der zweiten darf man auch alleine fahren. Als diese verblüffende Gesetzesregel verabschiedet wurde, war die Mehrheit der Parlamentarier vermutlich im Besitz eines zweiten provisorischen Führerscheins.

Aber es schert sich ohnehin niemand darum, Colm fährt gerade mit seinem siebten Schein. „Warum soll ich die Prüfung ablegen", meint er, „wenn die Hälfte durchfällt?" Die Polizei drückt alle Augen zu. Der oberste Dubliner Verkehrspolizist, John O'Brien, sagte vorige Woche, es sei „äußerst impraktikabel zu kontrollieren, ob jemand mit dem zweiten, dritten oder vierten provisorischen Führerschein fährt". Angesichts sovieler Sünder habe man den Zeitpunkt längst überschritten, wo man noch eingreifen könnte. Außerdem gebe es keinen Beweis, daß diese Leute schlechter Auto fahren als andere. Da hat er recht. 1979 war die Führerscheinstelle so überlastet, daß man allen Leuten, die sich zur Prüfung angemeldet hatten, kurzerhand die Fahrerlaubnis per Post zusandte, um den Schreibtisch leer zu bekommen.

O'Brien sagt, die Polizei wolle lieber verstärkt gegen Alkohol am Steuer vorgehen. Es gibt Bestrebungen, die zulässige Menge von 0,8 Promille herabzusetzen, möglicherweise sogar auf Null. Da hat man aber die Rechnung ohne den Wirt gemacht: Der Verband der Kneipenbesitzer malt das Ende des ländlichen Irland an die Wand. Der Präsident, John Mansworth, sagte: „Das wäre der Sargnagel für die entlegenen Wirtshäuser." Und damit auch für das „einzigartige kulturelle Erbe". Zudem wäre das Opfer völlig nutzlos, gebe es doch keinen einzigen Beweis, daß eine Senkung der Alkoholgrenze tödliche Unfälle verhindern könnte. Einem harten Kern trunkener Fahrer sei es nämlich schnurz, wieviel Alkohol erlaubt ist. Ein generelles Verbot würde die normalen Trinker unnötig hart treffen.

Beistand erhielt Mansworth von Jackie Healy-Rae, dem parteilosen Abgeordneten aus Kerry, dem man ansieht, daß er geradewegs aus dem Moor kommt. Führerscheinfreie und betrunkene Fahrer? Healy-Rae hat das wahre Problem des irischen Straßenverkehrs erkannt: Wenn es nach ihm ginge, was es zum Glück nicht geht, würde er die Einfuhr von gebrauchten Autoreifen verbieten. Neulich sei er über einen Nagel gefahren, sagte er, und die gemeingefährliche Importware sei einfach geplatzt.

Beamte duschen nicht im Dienst

Es gibt merkwürdige Hotels auf dieser Welt. Die meisten davon stehen in Schottland. Neulich in Glasgow zum Beispiel: Auf dem Bett lag ein Zettel, worauf stand, daß Samantha das Zimmer hergerichtet habe und sich freuen würde, wenn ich zufrieden sei. Das war ich zunächst auch. Dann sah ich einen zweiten Zettel, eingeschweißt in Plastikfolie, auf dem Kopfkissen. In Riesenlettern warnte man mich: „Wenn Sie bei offener Tür duschen, muß das Hotel evakuiert werden!" Gut, ich bin kein Adonis, aber muß man einem das so gnadenlos unter die Nase reiben? Ohnehin stelle ich mich gewöhnlich nur bei geschlossener Tür unter die Brause. Ob Naomi Campbell wohl auch einen solchen Zettel auf ihrem Kissen fände, würde sie in diesem Hotel absteigen?

Auf meine empörte Nachfrage an der Rezeption erklärte man mir, daß damit die Badezimmertür gemeint sei. Bleibe sie offen, ziehe der heiße Wasserdampf ins Zimmer, krieche in den Rauchdetektor und löse Feueralarm aus. Und dann müsse man das Hotel umgehend räumen. Es sei ein winziger Konstruktionsfehler, aber schließlich sei das Hotel bis vor kurzem ein Büroblock gewesen, und Beamte duschen nicht im Dienst. Ich entschied mich zur Sicherheit für ein lauwarmes Bad, um die Dampfentwicklung möglichst gering zu halten, und schlüpfte danach hastig durch die Tür, die ich nur einen Spalt breit geöffnet hatte. Den Dampf, der dennoch ins Zimmer entwichen war, wedelte ich mit dem Handtuch in Richtung Fenster.

Dabei hatte ich diesmal zehn Pfund mehr für das Hotelzimmer angelegt, weil sich die Billigpension beim letzten Mal als Vorhof zur Hölle entpuppt hatte. Schon bei meiner Ankunft mittags um zwölf waren der Wirt und seine Angestellte sternhagelvoll und versuchten, mich zu einem Gläschen von einer grünen Flüssigkeit zu überreden. Ich lehnte dankend ab und fragte stattdessen nach dem Telefon. Das war ein Fehler: Der Apparat hing in einer sargähnlichen Kiste unter der Treppe. Die beiden Saufnasen bestanden darauf, mir beim Telefonieren zu helfen, und zwängten sich mit mir in den Fernsprechsarg, wo der Alkoholgehalt der Luft so rapide anstieg, daß ich gar nicht mittrinken mußte, um die Englein singen zu hören.

Den Rest des Tages verbrachte ich vorsichtshalber in der Stadt. Als ich spätabends zurückkehrte, huschten die Mäuse auf Schlittschuhen durch mein Zimmer, weil die Temperatur mangels Heizung um den Gefrierpunkt lag. Das sah ich aber erst später, weil das Licht nicht funktionierte. Eine Birne kann kaputt gehen, aber in meiner Lampe war gar keine eingeschraubt. Wutentbrannt machte ich mich auf die Suche nach dem Pensionsinhaber, was nicht weiter schwer war: Man mußte nur dem Schnarchen folgen. Ich fand ihn im hellblauen Pyjama vor dem Fernseher, der seit zwei Stunden das Testbild sendete.

Als ich ihn endlich durch kräftiges Schütteln
halbwegs wach bekommen hatte, erkannte mich
der Trunkenbold nicht. Was ich in seinem Schlafzimmer wolle, fragte er angstvoll und meinte, daß
bei ihm nicht viel zu holen sei. Ich verlangte eine
Birne und einen Heizlüfter. Langsam dämmerte
ihm, daß ich der Gast aus Zimmer drei war. Er-
leichtert kramte er eine neue Flasche grünen Pfef-
ferminzlikör und zwei Gläser aus seinem Wäsche-
schrank. Da ist mir ein lauwarmes Wannenbad
doch lieber.

Irische Pfarrer
leben gefährlich

Wer hätte gedacht, daß das Priesteramt zu den
gefährlichsten Berufen in Irland zählt? Und es
sind nicht nur die teuflischen Versuchungen, denen die Pfarrer ausgesetzt sind, sondern vor allem
weltliche Übeltäter, die ihnen an den weißen Steh-
kragen wollen. Das hat jedenfalls die Erhebung der
Avon-Silberschmiede aus dem englischen Hertford-
shire ergeben. Warum ausgerechnet im katholischen Irland die Geistlichen andauernd verhauen
werden, hat das Unternehmen nicht herausgefunden. Aber die Silberschmiede hat ein nützliches
Gerät entwickelt, das den Priestern Schutz bietet.

Sie können ein preiswertes silbernes Kruzifix an einer Halskette per Mailorder bestellen.

Weil aber selbst der frommste Pfarrer weiß, daß ein Kreuz höchstens gegen Untote hilft, aber gegen lebendige Hooligans eher machtlos ist, hat man das priesterliche Arbeitsgerät etwas modifiziert: Reißt man den gekreuzigten Heiland von der Kette ab, stößt er einen Heulton aus, der noch in 50 Meter Entfernung zu hören ist.

„Wir haben festgestellt", sagte Michael McCarthy von der Avon-Silberschmiede, „daß immer mehr Geistliche während der Ausübung ihres Amtes angegriffen werden. Wir merkten außerdem, daß sie Alarmanlagen oder andere Schutzvorrichtungen nur ungern offen tragen. So beschlossen wir, eine Alarmanlage zu erfinden, die unauffällig und benutzerfreundlich ist und stets getragen werden

kann." Die gellende Sirene soll Tote auferwecken können, aber gegen diesen Nebeneffekt ist der Pfarrer ja dank des Kreuzes gefeit.

Das silberne Alarmkreuz ist vermutlich erst der Anfang. Sollte sich der kreischende Jesus bewähren, stehen den Sicherheitsfirmen viele Möglichkeiten offen, um die bedrohte Geistlichkeit gegen Gefahren aller Art zu wappnen. Der Weihrauchbehälter zum Beispiel, den die Pfarrer während der Messe schwenken, könnte mit CS-Gas gefüllt werden, um die aufmüpfige Gemeinde in Schach zu halten. Bischofsringe, die Elektroschocks aussenden, heilige Amulette, die beim Öffnen Säure verspritzen, mit K.O.-Tropfen versetzter Meßwein – der Phantasie sind keine Grenzen gesetzt.

Auch Papst Johannes Paul II. hat vorgesorgt. Er hat sich bei Bergara im baskischen Laressore einen besonders raffinierten Hirtenstab anfertigen lassen: eine Makhila. Das ist der traditionelle Wanderstock der Basken, der Name bedeutet „Todbringer": Wenn man den Knauf abschraubt, kommt eine scharfe Klinge zum Vorschein. Bismarck, Willy Brandt und Hermann Göring, Ronald Reagan, de Gaulle und Charlie Chaplin gehörten ebenfalls zu Bergaras Kunden.

Dank des Alarmkreuzes können nun auch die Pfarrer, denen kein bischöflicher Hirtenstab zusteht, beruhigt in die Zukunft blicken. Ein Sprecher der katholischen Kirche in Irland sagte jedoch mißtrauisch: „Ich finde, die Alarmvorrichtung klingt wie ein Trick." Vielleicht hat er recht, denn das Silberkreuz könnte sich gegen den frommen Träger wenden, wenn er seiner Nebenbeschäftigung nachgeht – dem Kindesmißbrauch. In Irland sind in den vergangenen Jahren so viele Pfaffen dafür verknackt worden, daß man ihnen bald einen eigenen Knast bauen kann. Künftig müssen die Chorknaben nur kräftig am Jesuskreuz ziehen, wenn ihnen der Pfarrer zu nahe kommt.

Der Teufel mit der Fistelstimme

Die Terroristen werden immer jünger. Aber daß ein Fünfjähriger eine ganze Insel an den Rand der Lynchjustiz treiben kann, kommt nicht alle Tage vor. Kieran sieht aus wie das Titelbild jedes zweiten Irlandbuches: rothaarig mit unzähligen Sommersprossen. Außerdem kommt das Energiepäckchen mit erstaunlich wenig Schlaf aus. Patricia, seine Mutter, war nach dem Familienurlaub jedenfalls urlaubsreif und nahm das Angebot ihrer Freundin Mary dankend an, das lebhafte Kind eine Woche zu sich nach Inisheer zu nehmen.

Inisheer ist die kleinste der drei Aran-Inseln vor der Westküste Irlands. Sie hat einen mittelalterlichen Turm, ein altes Bethaus und eine Kirche, die einmal im Jahr aus dem Sand ausgegraben wird, damit man geschwind einen Gottesdienst abhalten kann, bevor sie wieder zugeweht wird. Für einen Fünfjährigen nicht unbedingt Sehenswürdigkeiten mit großer Anziehungskraft.

Kieran ahnte wohl schon, daß er in eine Art Strafkolonie verschleppt werden sollte. Auf dem Flughafen von Carnmore bei Galway, wo die winzigen Propellermaschinen zum zehnminütigen Flug auf die Insel starten, kam es zum ersten Eklat. „Das ist nicht meine Mutter", erklärte er der Angestellten am Schalter, als Mary die Flugtickets kaufen wollte. „Ich will nicht auf diese Scheiß-Insel, aber die fremde Frau zwingt mich dazu." Es kostete Mary viel Überzeugungskraft, bis die Angestellte einsah, daß es sich bei Kieran um das verlogenste Kleinkind West-Irlands handelte.

Für den Piloten blieb der kurze Flug unvergeßlich. Kieran versuchte gleich nach dem Start, ihn wieder zur Landung zu zwingen. Zum Glück war er unbewaffnet, wenn man von seinem Magen absieht, dessen Inhalt er dem Piloten in die Mütze kotzte. Auf der Insel dauerte es keine drei Stunden, da hatte er in der Cafeteria – dem einzigen Freizeit-Etablissement weit und breit – Hausverbot. Die Besitzerin fürchtete in Anbetracht von Kierans breitem Fluchwortschatz um Sitte und Anstand der Insel-Teenager.

Drei Tage später wollte man ihm nochmal eine Chance geben. Nachdem Kieran geschworen hatte, den Mund zu halten, durfte er auf Bewährung in die Cafeteria. Zwei Stunden ging alles gut, auch wenn er vor Untatendrang fast geplatzt wäre. Dann mußte er auf die Toilette. Kurz darauf kam eine kreidebleiche Nonne in den Laden, bekreuzigte sich fortwährend und behauptete, ihr sei soeben der Teufel persönlich begegnet. Er habe nackend im Fenster des Männerklos gestanden und mit diabolischer Fistelstimme aus vollem Halse gebrüllt: „Scheiße, Pisse, Fuck!"

Den Rest der Woche bekam Kieran Stubenarrest verordnet, konnte aber schon in der ersten Nacht aus dem Zimmer entkommen. Er schlich sich zum Telefon in der Küche, wählte den Notruf und tischte dem wachhabenden, aber schläfrigen Beamten eine solch unglaubliche Geschichte von Kindesentführung und Freiheitsberaubung auf, daß der sie prompt glaubte. Die Küstenwache traf im Morgengrauen mit heulenden Sirenen ein. Man hatte den Anruf zurückverfolgt. Mary bestach die Beamten mit einer Flasche Whiskey und schickte Kieran im Küstenwachboot zu den Eltern zurück. Am Pier und am Rollfeld von Inisheer hängen seitdem Fotos von dem Mini-Terroristen mit dem Vermerk: „Unter keinen Umständen landen lassen."

Und zum Nachtisch
eine Eule

Auf den ersten Blick erschien es als heroische Tat, auf den zweiten Blick entpuppte es sich als Torheit: Militante Tierschützer haben in Hampshire rund 5.000 Nerze aus einer Pelzfarm befreit, und seitdem zittert die gesamte Tierwelt der südenglischen Grafschaft vor den niedlichen Raubtieren.

Wenn sie als Stola um neureiche Hälse hängen, sieht man den Nerzen ihre Mordlust nicht mehr an. Auf freier Wildbahn dagegen machen sie sich über alles her, was ihnen in die Quere kommt: Vögel und Mäuse, Fische und Frösche, Eier und Eidechsen. In ihrer natürlichen Umgebung in Nordamerika sind die potentiellen Opfer auf der Hut, aber was soll eine ahnungslose britische Ente denken, wenn ein tauchender Nerz sie von unten in den Teich zieht und ersäuft?

Ganz schlecht sieht es für die Schermaus aus, deren Bestand in Großbritannien stärker abnimmt als der jeder anderen Säugetierart. Neunzig Prozent der Flußmäuse sind von ausgebüchsten Importnerzen in den vergangenen zehn Jahren dahingerafft worden. Die übrigen Nager haben sich ins Avon-Tal in Hampshire zurückgezogen, wo sie bis zum Wochenende tadellos gediehen. Nun treiben sich dort 5.000 Nerze herum. „Für die Nerze ist das Avon-Tal wie ein McDonald's-Restaurant", sagt

Ian Davidson-Watts von der staatlichen Tierschutz-
organisation, „Schermäuse sind ihre Leibspeise."

Und zum Nachtisch eine Eule. Neben der verlas-
senen Nerzfarm befindet sich ein Eulenschutzge-
biet. Drei seltene Eulen sind von den Nerzen schon
getötet worden. „Die Köpfe waren sauber abge-
trennt", sagte Eulenwart Bruce Berry. Er habe seit
der Tierbefreieraktion kein Auge mehr zugemacht:
„Sie können durch das kleinste Loch im Zaun
schlüpfen und sich jeden einzelnen Vogel im
Schutzgebiet holen." Er sagt, daß die niederträch-
tigen Pelztiere nicht aus Hunger töten, sondern weil
es ihnen Spaß macht.

Sie fallen auch gerne übereinander her und werden deshalb selten älter als ein Jahr. Mit den Fel-
len und Federn ihrer Opfer polstern sie ihre Höhlen
aus, was durchaus legitim erscheint, wenn man das
ihnen stets drohende mantelhafte Schicksal in Be-
tracht zieht.

Bruce Berry hat sich aber ein Gewehr besorgt
und schiebt jede Nacht Wache, damit seine Eulen
nicht als Höhlenschmuck enden. 30 Nerze hat er
bereits erlegt. Die Bauern von Hampshire haben
ebenfalls zur Jagd geblasen, nachdem die Nerze
mehrere Hühnerställe leergeräumt und ein paar
Ferkel angefallen hatten. Nachts geht es in Hampshire zu wie auf einem Schießplatz. Für viele Nerze war das zuviel Streß, rund tausend von ihnen
kehrten zur Farm zurück und baten um Kost und
Logis. Dann schlugen die Tierbefreier erneut zu:
Sie schnitten Löcher in die Käfige und scheuchten

die entsetzten Nerze zurück in die Wildnis.

Die Polizei hat der Bevölkerung dringend geraten, ihre Hunde und Katzen wegzuschließen und einen Bogen um die Nerze zu machen. Umgekehrt gilt das nicht: In der Nähe von Ringwood hat man in einem Schlafzimmer einen Nerz dabei ertappt, wie er sich gerade über eine Perserkatze hermachen wollte. Das teure Haustier konnte gerettet werden, weil Frauchen den Nerz mit einem Spatenhieb erlegte. Zuvor hatte er allerdings einem Chihuahua im Nachbarsgarten die Kehle durchgebissen.

Für die Otter, die man nach zehn Jahren mühsamer Kleinarbeit wieder in Hampshire angesiedelt hatte, ist die Nerzplage doppelt ärgerlich: Zum einen trachten ihnen die Nerze nach Leib und Leben, zum anderen fliegen ihnen die Kugeln um die Ohren, weil die Bauern sie aus der Entfernung für Nerze halten. Die Otter werden sich noch lange an die dusseligen Tierbefreier erinnern.

Weniger Schafe als angenommen

Da hatte man gedacht, Deutsche und Iren mögen einander – die einen hatten gegen den gemeinsamen englischen Feind gekämpft, die anderen waren bemitleidenswert arm, vertranken ihre wenige

Habe und sangen dabei auch noch lustige Lieder. Dieses Wohlwollen haben sich die Iren nun verscherzt, weil sie auf ihrer Insel hinterrücks einen Wirtschaftsboom angezettelt haben, während die Deutschen dafür darben müssen.

Ein bekanntes deutsches Nachrichtenmagazin aus Hamburg hat es ans Licht gebracht: „Bonn überweist knapp 22 Milliarden nach Brüssel und erhält 11,5 Milliarden", schreibt der anonyme Autor, die Iren hingegen machen „ein sattes Plus von über 2,4 Milliarden Mark". Irische Bauern beschäftigen sich im Grunde nur damit, „sich über den jeweils neuesten Stand der EU-Zuwendungen auf dem laufenden zu halten". Die Bauern sehen das völlig anders: 40.000 von ihnen demonstrierten in Dublin gegen mangelnde staatliche Unterstützung und legten die irische Hauptstadt einen Tag lang lahm.

Der *Spiegel*-Autor wirft ihnen jedoch „illegale Abzockerei" vor. Er hat festgestellt, daß es offenbar weniger Schafe in Irland gibt als angenommen. Die listigen Schnorrer treiben bei Inspektionen einfach dieselbe Herde auf „verschiedenen Bauernhöfen immer aufs neue zum Nachweis der Subventionsberechtigung" vorbei. Und dann rudern sie mit den Tieren nach Wales hinüber, um dort auch noch mal abzukassieren. Der Agrarinspektor, der ihnen auf die Schliche kommen könnte, lebt gefährlich und „muß im Dienst immer mit Prügeln rechnen".

Der Artikel hat in Irland nicht nur einen landesweiten Wutausbruch hervorgerufen, sondern man zahlt es mit der gleichen rassistischen Münze heim. Der *Cork Examiner*, ein Lokalblatt mit überregionalen Ambitionen, hat den Namen des *Spiegel*-Autors herausgefunden: Dirk Koch besitze zwei Häuser im Süden der Grafschaft Cork, und das sei typisch: Die Deutschen seien „die größte nicht englisch-sprachige Gruppe unter uns", schreibt Anne Lucey. „Die meisten kamen wegen des alten Lehrsatzes der Nationalsozialisten der dreißiger Jahre: Lebensraum. Und kaum sind sie all dem entkommen, was sie an Deutschland nicht mögen, da beginnen sie auch schon, sich ein neues Deutschland aufzubauen."

Die Arroganz, die in Kochs Artikel deutlich werde, sei ein Grund, warum die Deutschen in Irland so verhaßt seien: „Hohe Mauern, höhere Tore, bellende Stimmen und Mißachtung von jahrhundertealtem Wegerecht." Selbst die Nägel würden sie aus Deutschland importieren, wenn sie ihre Häuser bauten, weil ihnen die irischen Produkte nicht gut genug seien. „Sie wollen das Land für sich alleine und würden uns am liebsten vertreiben." Das vernichtende Urteil: Die Deutschen seien auch nicht besser als die Engländer, die früher die Köpfe der Iren vermessen haben, um nachzuweisen, daß sie eigentlich zu den Affen gehören.

„Die Deutschen nennen uns Paddys und machen sich über unseren Glauben lustig", zitiert Lucey einen Bauern, „aber wie würde es ihnen gefallen, wenn wir sie Nazis nennen? Denn genau das tun wir nun." Und dann warnt Anne Lucey ihren *Spiegel*-Kollegen davor, zu seinen Besitzungen in West-Cork zurückzukehren. „Er wird in West-Cork nicht willkommen sein – ganz im Gegenteil." Seine deutschen Nägel darf er mitnehmen.

Wenn der Sohn
Geburtstag hat ...

Wenn der Sohn Geburtstag hat, wollen ihm die Eltern eine schöne Feier ausrichten, das ist in königlichen Familien nicht anders als bei normalen Menschen. Weil Prinz Charles 50 wird, wollte seine Mutter, die Königin, ihm eine Freude machen und fragte bei französischen Champagnerherstellern nach, ob sie ein paar Kisten des Sprudelgetränks spendieren würden. Doch die Franzosen lehnten ab – unter dem kleinlichen Hinweis, daß Elisabeth II. die reichste Frau der Welt sei.

Der Haussegen hängt bei den Windsors aber nicht wegen der nun wohl trockenen Geburtstagsfeier schief, sondern weil Charles gesagt haben soll, es sei an der Zeit, daß seine Mutter abdanke. Wenn sie bis zum Tod an ihrem Job klebt, würde er als ewiger Thronfolger zur Fußnote der Geschichte. Sie ist 73, und womöglich hat sie die Zähigkeit ihrer Mutter geerbt, die so alt ist wie das Jahrhundert.

Das Dementi, das Charles über seine Gier nach der Krone herausgegeben hat, war vehementer, als man es von der britischen Königsfamilie gewohnt ist, doch *London Weekend Television* bleibt dabei: Nach der Krönung wolle er seine Schwester Anne zur „offiziellen königlichen Partnerin" machen und dafür sorgen, daß seine Brüder Andrew und Edward „nicht arbeitende Royals" würden – als ob die beiden drauf und dran wären, beim Arbeitsamt vorzusprechen.

Wollen die Briten überhaupt, daß er ihr König wird? Seit zehn Jahren hat das Volk bei dem Gedanken laut Meinungsumfragen stets entsetzt die Hände über dem Kopf zusammengeschlagen, doch in den vergangenen Wochen ist er in der Gunst ein klein wenig gestiegen. Das liegt nicht zuletzt an Penny Junors Buch über den Prinzen, in dem sie dessen Ex-Gattin Diana demontiert: Die hätte mit den außerehelichen Affären angefangen und später der Charles-Geliebten Camilla Parker-Bowles

mit einem Mordkommando gedroht. Charles distanzierte sich zwar von dem Buch, aber nicht sehr glaubwürdig, zumal eine ganze Reihe seiner Vertrauten daran mitgewirkt hat. Und hatte nicht Andrew neulich zugegeben, daß die königliche Pressestelle „zwanzig Jahre lang Lügen erzählt" hat?

Seine Eltern halten nicht viel von ihrem Prinzen. Elisabeth geht sein Selbstmitleid auf die Nerven, weiß der *Daily Telegraph*. Sie hatte schon von Anfang an geahnt, was da auf sie zukommen würde, und brachte die Zangengeburt unter Vollnarkose hinter sich. Erst eine Stunde später wachte sie auf und hatte einen sechs Pfund und sieben Unzen schweren Thronfolger am Hals. Philip hält ihn für einen Waschlappen. Nicht ganz zu Unrecht: Ein fünfzigjähriger Vater von zwei Kindern, der mit Steuergeldern zwei Männer bezahlen läßt, die ihm morgens beim Anziehen helfen? Dabei konnte er sich schon im Alter von vier Jahren die Schuhe zubinden und mit sechs seinen eigenen Namen schreiben.

Allerdings war er nicht immer ein Musterknabe. Mit 15 ist er eines Sonntags in den Cairngorms Ski gelaufen, was die Presbyterianische Kirche auf die Palme brachte, weil man am Tag des Herrn keinen sportlichen Aktivitäten nachzugehen habe. Darüber war er offenbar so erschrocken, daß er kurz darauf bei einem Segeltörn nach Stornoway auf den Hebriden sich vor den Leuten verstecken wollte – ausgerechnet in der Hotelbar. Vor Aufregung bestellte er einen Kirschbrand, der ihm sofort zu Kopf stieg. Sein Leibwächter mußte dafür büßen: Er wurde zwar nicht hingerichtet, wie das früher üblich war, aber unehrenhaft aus dem Polizeidienst entlassen.

Voriges Jahr hat Charles 513 öffentliche Auftritte gehabt. Einmal fragte ein kleines Mädchen nach ihrer Begegnung mit dem Prinzen: „Wenn man ihn küßt, wird er dann wieder zum Frosch?" Schon passiert.

Telefonleitungen sind Gottes Wille

Selbst Pfaffen passen sich manchmal den veränderten Zeiten an – wenn es zu ihrem Vorteil ist. Adrian McLeish, katholischer Priester aus Durham in Nordengland, hatte sich eine moderne Computer-Anlage angeschafft, damit er besser einer Freizeitbeschäftigung nachgehen konnte, die beim katholischen Klerus offenbar sehr beliebt ist: Pädophilie.

Der 45jährige Mann Gottes baute im Internet einen regelrechten Tauschring auf. Um sich Tauschmaterial zu beschaffen, vergewaltigte er vier Knaben und fotografierte dabei eifrig. Die Porno-Bilder, die auf vier Computern gespeichert waren, hätten die 24bändige Encyclopaedia Britannica elfmal gefüllt. Jetzt hat ihm ein Gericht in Newcastle das Handwerk gelegt und ihn für sechs Jahre in den Knast geschickt.

Michael Cox nutzt die moderne Technik für harmlosere Aktivitäten. Der irische Tridentiner-Bischof hat im Juli vorigen Jahres eine alte Kirche in der Grafschaft Offaly gekauft, die zuletzt als Textilfabrik genutzt wurde. Um das heruntergekommene Gotteshaus wieder herzurichten, benötigt er Hilfe von oben und Geld. Das eine bedingte das andere: Cox entdeckte plötzlich seine Gabe, Mensch und Tier gesundzubeten – besonders gut wirken seine heilenden Hände bei Rennpferden und deren steinreichen Besitzern. Natürlich ist die Behandlung kostenlos. Wenn einer jedoch ein paar Münzen, zwei Dachziegel oder einen Eimer Farbe für die Kirche in den Opferstock werfe, habe er nichts dagegen, meint Cox. Manche legen gleich selbst Hand beim Kirchenbau an. Ein Elektriker, dem der Bischof die Gürtelrose weggebetet hatte, verkabelte das Gotteshaus kostenlos.

Am eigenen Leib klappt die Heilung nicht so gut: Cox leidet unter Herzrhythmusstörungen, Magengeschwüren, Darmkoliken, Panikattacken und einem kaputten Rücken, so daß er kürzer treten mußte. Da kam ihm erneut eine göttliche Eingebung: Telefonseelsorge. „Ich glaube, Telefonleitungen sind der Wille Gottes", sagt Cox, „es geht ja schließlich um hunderttausende Seelen da draußen. Das muß einfach richtig sein." Und einträglich: Die Minute kostet umgerechnet 2,50 Mark.

Aber der Anruf lohnt sich nicht nur für den Bischof. Wer die Nummer wählt, kann zwischen fünf seelsorgerischen Dienstleistungen auswählen: eine Botschaft vom Bischof, ein bißchen lateinische Messe, Fernheilung, besondere Bittgebete und Beichte – alles vollautomatisch vom Computertelefon. Einmal am Tag hört der Bischof das Band ab, und am Sonntag erledigt er die Heilungsersuchen und Sonderwünsche in einem Abwasch bei der Messe. Die Telefonmesse zähle als Gottesdienstbesuch, versichert Cox. Das ist praktisch, weil der Klingelbeutel entfällt: Gott läßt abbuchen. Das gleiche gilt für die Beichte. Je länger der Sündenkatalog, desto mehr muß der Sünder berappen.

Die katholische Hierarchie hält den Bischof für einen Ketzer, weil er die lateinische Messe zelebriert. Vom Computer-gesteuerten Ablaß hält sie erst recht nichts, weil den Pfaffen in ihren Holzkisten dadurch die Auralbefriedigung genommen wird. Cox ist das egal. Um sicher zu gehen, daß die Sache funktioniert, hat er eine Dubliner Werbeagentur angeheuert, denn auf Gottes Flüsterpropaganda wollte er sich lieber nicht verlassen. Demnächst will Cox seine Dienste im Internet anbieten. Schönen E-mail-Gruß an Pfarrer McLeish.

Einem geschenkten Betonkopf schaut man nicht ins Maul

Die Iren haben einen riesigen Berg Zement geschenkt bekommen, vermutlich von der Europäischen Union. Da sie jedoch kein Bergvolk sind, müssen sie ihn irgendwie abtragen und anderswo unterbringen – und zwar auf den Straßen Dublins. Seit Wochen sind Bauarbeiter damit beschäftigt, das Zeug möglichst unauffällig zu verteilen. Wegen der großen Menge kann man es nicht einfach auf die Gehwege schütten, denn dann würden sie einen Meter hoch. Für ältere Menschen wäre es eine unzumutbare Strapaze, wenn sie nach Überqueren der Fahrbahn jedesmal einen Klimmzug machen müßten.

In die Höhe bauen geht also nicht. Aber in die Breite. So hat man dem Bürgersteig an der Hauptstraße, die in den nördlichen Stadtteil Finglas führt, in regelmäßigen Abständen Betonausbuchtungen verpaßt, die wie Nasen in die Fahrbahn hineinragen, aber keinem ersichtlichen Zweck dienen. Darüber hinaus gibt es neben jeder dieser Nasen neuerdings eine Auffahrt mit flacher Bordsteinkante. Doch die Auffahrten enden allesamt nach zwei Metern schnurstracks an einer Mauer. Eine Autofalle?

In Phibsboro hat man den Beton für Bushaltestellenbegrenzungen verwendet. Wo der Bus früher einfach an der Straße hielt, muß er sich nun in die Haltebucht zwängen. Weil das nicht ohne größere Anstrengungen geht, halten die Busfahrer in zweiter Spur, was sie wegen der stets an Haltestellen geparkten Autos freilich ohnehin taten. Aber die Betonbegrenzungen sind nachts für Autofahrer schwer erkennbar, und so trifft sie das Betonhindernis, das plötzlich in die Fahrbahn hineinragt, völlig unvorbereitet. Als Vorsichtsmaßnahme hat man einen Blechpfeil an die Bordsteinkante gelehnt.

Der Zement war aber immer noch nicht verbraucht. Den Rest hat die Stadtverwaltung kurzerhand auf jeden zweiten Parkhafen vor Irlands größtem Friedhof in Glasnevin gekippt. Das sieht zwar elegant aus, hat aber die Parkplätze um die Hälfte dezimiert, so daß die Autos bei besonders gut besuchten Beerdigungen nun auf der Fahrbahn parken.

Das wiederum löst ein Chaos aus, denn weil man schon mal beim Umgestalten der Bürgersteige war, hat man gleich die Busspuren auf das Doppelte verbreitert. Entweder ist geplant, auch die Busse auf sieben Meter zu verbreitern, was unwahrscheinlich erscheint, oder man will in Anbetracht des irischen Freistilfahrens den Busfahrern genügend Spielraum lassen.

Der Nachteil ist, daß die beiden Autospuren – eine in jeder Richtung – so schmal geworden sind, daß ein Radfahrer bei Gegenverkehr nicht mehr überholt werden kann. Ebensowenig kommt man an einem Auto vorbei, das am Friedhof unvorschriftsmäßig geparkt ist.

All das wäre ja durchaus begrüßenswert, wäre es Teil einer Verkehrsplanung zugunsten öffentlicher Transportmittel. Doch weit gefehlt. Dublins öffentlicher Nahverkehr wäre selbst für Wanne-Eickel ein Witz: Die Fahrpläne, die neuerdings an jeder Haltestelle hängen, sorgen stets für Heiterkeit, während des Berufsverkehrs sind die raren Busse stets voll und halten erst gar nicht an. Dafür können sie nun auf einer sieben Meter breiten Busspur an den Haltestellen vorbeibrausen.

Der keltische Tiger
und das keltische Karnickel

Statistiken sind eine großartige Erfindung, sie entblößen den Charakter eines ganzen Volkes. Wenn man zwei Erhebungen glauben kann, duften in Irland die Teppiche besser als die Menschen, was aber kein Hinderungsgrund für europäische Spitzenleistungen beim Sex ist. Wer möchte auch mit einem Teppich ins Bett gehen, selbst wenn er gut riecht? Jedenfalls benutzen die Irinnen und Iren mehr Teppich-Shampoo als Deodorant. 40 Prozent der unteren Einkommensschichten haben noch nie etwas gegen Achselnässe unternommen, bei reichen Leuten ist die Zahl niedriger. Geld stinkt eben nicht.

Vielleicht ändert sich das demnächst, denn die Menschen haben mehr Geld, jedenfalls im Durchschnitt. Der Wirtschaftsboom, der Irland zum „keltischen Tiger" machte, hat bewirkt, daß zum typischen Haushalt eine Küchenmaschine, ein Mikrowellenherd, ein Telefon, zweieinhalb Kinder und ein Haustier gehören. Für letztere brechen allerdings schlechte Zeiten an, weil immer mehr Irinnen und Iren die Vierbeiner in die Wüste schicken. Zwar haben immer noch 40 Prozent aller Haushalte einen Hund, was europäischer Rekord ist, doch vor sieben Jahren waren es noch 47 Prozent.

Wo sind die ganzen Kläffer geblieben? Es geht immerhin um rund 50.000 Tiere. Ein Boulevardblatt vermutet, das hänge mit den orientalischen Restaurants zusammen, die wie Pilze aus dem Boden schießen – jede Woche eröffnen zwei neue Gaststätten auf der Grünen Insel. Freilich haben die wenigsten exotische Gerichte auf der Karte, kaum die Hälfte der Bevölkerung hat bisher orientalisch oder auch nur festlandeuropäisch gespeist. Was ißt der Ire? Seine Eßgewohnheiten sind eher traditionell, wichtigstes Grundnahrungsmittel ist und bleibt der Kartoffelchip, der in Irland „Crisp" heißt, während sich hinter „Chip" ein Pomme fritte verbirgt.

Die Statistiker haben nicht nur in irische Küchen, sondern auch in die Schlafzimmer geschaut: Nicht mal ein Drittel der Bevölkerung hat jemals Verhütungsmittel angewandt, was auf der katholischen Insel nicht weiter verwunderlich ist. Oder lügen die Leute? Als die ersten Kondomautomaten in den achtziger Jahren aufgestellt wurden, vergaß ein Unternehmer, den Automaten in einem Pub im westirischen Castlebar zu füllen. Als er den Irrtum am Abend bemerkte, steckten bereits 34 Pfund im Gerät, doch keiner der Kunden hatte sich beim Wirt beschwert.

Kondome sind in Irland eigentlich notwendiger als in allen anderen europäischen Ländern. Eine Umfrage der Kondomfirma Durex hat ergeben, daß Irinnen und Iren 114 Mal Sex im Jahr haben – ein Mal mehr als die britischen Nachbarn, während Italienerinnen und Italiener gar nur 105 Mal miteinander ins Bett gehen. Dabei fangen die Iren und

Irinnen viel später an als ihre europäischen Nachbarn, nämlich erst mit siebzehneinhalb.

Nach dem keltischen Tiger nun also auch das
keltische Karnickel. Wer hätte das gedacht? Die
Iren jedenfalls nicht, sie sind die einzigen, die sich
in Europa nicht für die Größten halten, wenn es um
Sex geht. Sie tippen eher auf Franzosen und Italiener. Erstaunlich ist, daß die Durchschnittsfamilie
bei solch häufigem Sex ohne Verhütungsmittel nur
zweieinhalb Kinder hat. Aber seit Clinton sind die
Definitionen für Sex ja recht verschwommen.

Eine Totenfeier
mit Christy Moore

Es war ein rauschendes Fest, auch wenn es einen traurigen Anlaß hatte: Der 22jährige Diarmuid O'Leary aus Dublin war bei einem Feuer in einer Glasgower Pension ums Leben gekommen. Am Nachmittag hatte er mit seinem Vater, dem Schauspieler Jer O'Leary, im Fußballstadion die schottische Meisterschaft seines Lieblingsvereins Celtic Glasgow gefeiert.

Eine Beerdigung ist teuer, vor allem, wenn man die Hauptperson aus dem Ausland einfliegen muß. Zwar ist Jer O'Leary bei fast allen Filmen dabeigewesen, die in Irland gedreht wurden, aber meist nur in kleinen Rollen mit kleiner Gage. So organisierten seine Freunde einen „Wake", ein Totenfest, wie es in Europa wohl nur die Iren begehen – keine Trauerfeier, sondern eine Zelebrierung des Lebens des Verstorbenen mit Musik und Tanz und vielen Getränken, bei der stets bedauert wird, daß der Gefeierte nicht dabei sein kann.

Bei Diarmuids „Wake" mußte Eintritt gezahlt werden, um die Begräbniskosten zusammenzubekommen. Wenn es um einen guten Zweck geht, sind die Iren unschlagbar. Jeder kennt irgendeinen mehr oder weniger berühmten Künstler, den man auf ein Benefizkonzert mitschleppen kann – in diesem Fall Liam O'Maonlai, der Sänger der „Hothouse Flowers", Jim Kelly, der Bruder des „Dubli-

ners"-Begründers Luke Kelly, der sich zu Tode ge-
soffen hat, und Christy Moore, der gerade noch
rechtzeitig dem Alkohol abgeschworen hat und auf
Rente gegangen ist.

Sein Auftritt sollte freilich bis zur letzten Minute
geheimgehalten werden, damit nicht die halbe Nation vor dem kleinen Club der Lehrergewerkschaft
auftauchte, denn Christy Moore ist in Irland eine
Legende. Es war das offenste Geheimnis des Jahres: Zwei Tage vor dem Konzert verriet es mir ein
Bekannter unter dem Siegel der Verschwiegenheit,
unter dem ich es an ausgewählte Freunde weiter-
gab. In Irland kann man nichts geheimhalten, weil
sich alle irgendwie kennen, und so standen Hunderte von Menschen vor dem Club und kamen nicht
hinein.

Die drinnen waren, erlebten Moore ein Jahr nach
der Pensionierung in alter Form, genauso grimmig,
genauso streng wie früher. Zunächst ließ er die Bar
vorübergehend schließen, denn er singt nicht, wenn
sich die Gäste an der Theke um die Getränke bal-
gen, zumal er selbst keinen Tropfen anrühren darf
nach seinem Herzinfarkt. Er begann mit „Joxer zog
nach Stuttgart", einem Lied über den größten Tri-
umph der irischen Fußballer, den Sieg über die
Engländer bei der Europameisterschaft in Deutschland. Das war zwar 1988, doch als Ray Houghton
das Leder in der dritten Strophe erneut im englischen Netz versenkte, tobte der Saal, als sei das Tor
soeben erst gefallen.

Wo sich Menschen zu einem wohltätigen Zweck

versammeln, sind Politiker nicht weit, denn das ist eine gute Gelegenheit, mit wenig Aufwand Stimmenfang zu betreiben. Während das Grußwort des irischen Premierministers Bertie Ahern eher reserviert aufgenommen wurde, erhielt Gerry Adams, Präsident der IRA-Partei Sinn Fein, für sein Telegramm stürmischen Applaus. Kein Wunder, ist der Schlachtgesang von Celtic, dem von irischen Mönchen gegründeten Verein, doch das IRA-Lied „The Fields Of Athenry", das zum Schluß des „Wakes" alle Celtic-Fans – und es gab keine anderen – sangen. „Es ist eine Abschiedsfeier, wie man sie sich nur wünschen kann", sagte Jer O'Leary. „Sie hätte Diarmuid gefallen."

Champagner und Terrorkreuz

Lilly war ihr ganzes Leben lang eine tiefgläubige Katholikin gewesen. Ihr Haus war mit Kreuzen, Weihwasserbehältern und anderen Devotionalien bestückt, auf der Toilette hing ein Bild von Papst Johannes Paul II. Er war ihr siebter Papst, seine sechs Vorgänger hatte sie überlebt, denn Lilly war schon über 80.

Morgens betete sie ihre Rosenkränze, abends ging sie zur Messe. Darüber hinaus hatte sie eine Liste von Gebeten, die sie wie eine Einkaufsliste täglich nach Erledigung abhakte. Es waren besondere Gebete, zugeschnitten auf die Sünder in der Familie und im Freundeskreis, für die sie Gnade erflehte. Dazu gehörten ihre fünf Kinder, die schon lange keine Kirche mehr von innen gesehen hatten. Lilly war mit ihrer Religion vielbeschäftigt.

Dann stand eines Tages eine Frau vor der Tür, die im Haus gegenüber wohnte. „Du bist keine Christin", zischte sie der entsetzten Lilly ins Gesicht, „ich habe ein Kreuz aufgehängt, damit du bekehrt wirst." Es hing in ihrem Schlafzimmerfenster im ersten Stock und füllte den gesamten Rahmen aus – es mußte eine Sonderanfertigung sein, noch dazu mit weißer Leuchtfarbe angestrichen, so daß es bei Nacht in der Luft zu schweben schien.

Die arme Lilly litt sehr unter dem Terrorkreuz. Der Nachbar riet ihr, die Missionarin und ihr leuch-

tendes Werkzeug nicht ernst zu nehmen, sie sei verrückt. „Aber wie kann ich es ignorieren", meinte Lilly, „wenn mich das Kreuz jedesmal anstrahlt, wenn
ich den Vorhang aufziehe?"

Ob sie aus Gram gestorben ist, weiß man nicht.
Jedenfalls ging es seit der Kreuzerscheinung mit
Lilly bergab, die Familie mußte mit dem Schlimmsten rechnen. Der Pfarrer saß mit dem Handy am
Ohr in den Startlöchern, um ihr die Sterbesakra-
mente zu verpassen. Weil man sie nicht unnötig er-
schrecken wollte, wartete man damit jedoch, bis sie
selbst nach dem Priester schickte. Drei Tage ver-
gingen, Lilly dämmerte im Halbschlaf vor sich hin,
den Pfarrer erwähnte sie nicht.

Dann, am vierten Tag, richtete sie sich plötzlich
im Bett auf und rief nach ihren Kindern. Jetzt ist
es soweit, dachten die, sie will die Sterbesakra-
mente. Weit gefehlt. „Mary", rief Lilly ihre älteste
Tochter, „Mary, komm her." Mary setzte sich ans
Bett. „Mary, ich habe in meinem ganzen Leben nie
Champagner getrunken."

Die Kinder hatten vorgesorgt, so glaubten sie:
Vom Rosenkranz aus bestem Sandelholz über Ma-
rienbildchen bis hin zu heiligem Wasser aus Lour-
des war alles parat. An alles hatten sie gedacht, nur
auf weltliche Gelüste waren sie nicht vorbereitet.
Champagner? Woher in der Nacht nehmen? Die
Getränkehandlungen waren längst geschlossen. So
schwärmten Kind und Kegel in die Nachbarschaft
aus und klingelten die Leute aus den Betten. Es sei
ein Notfall, erklärten sie, man wolle ihr den letzten

Wunsch erfüllen. Aber welcher Ire hat schon eine Flasche Champagner in Reserve?

Das Unglück wollte es, daß Lillys Neffe Joe am Haus gegenüber klopfte, denn er wußte nichts vom Bekehrungseifer der Kreuzritterin. Für die war der Fall klar: „Sie stirbt und verlangt nach Champagner", schnaubte sie verblüfft. „Ich wußte, daß sie keine Christin ist."

Inhalt